本套丛书由
中社社会工作发展基金会
支持出版

优秀社会工作案例丛书

丛书主编　赵蓬奇　魏　爽
本书主编　韩秀记

社区社会工作
案例评析

SHEQU SHEHUI GONGZUO ANLIPINGXI

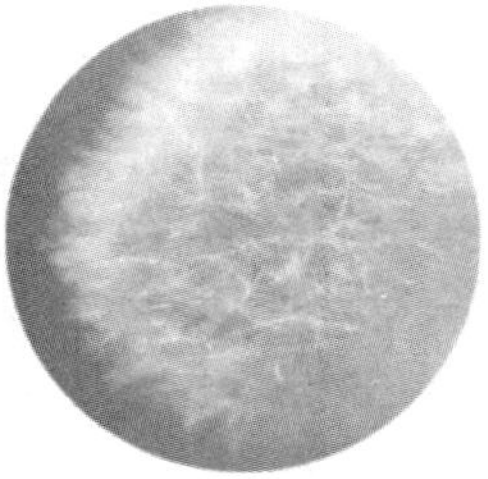

中国社会出版社
国家一级出版社・全国百佳图书出版单位

图书在版编目（CIP）数据

社区社会工作案例评析／韩秀记主编．—北京：中国社会出版社，2016. 11

（优秀社会工作案例丛书）

ISBN 978－7－5087－5466－6

Ⅰ．①社…　Ⅱ．①韩…　Ⅲ．①社区—社会工作—案例—中国　Ⅳ．①D669. 3

中国版本图书馆 CIP 数据核字（2016）第 248910 号

丛　书　名：优秀社会工作案例丛书
丛书主编：赵蓬奇　魏　爽
书　　名：社区社会工作案例评析
主　　编：韩秀记

出　版　人：浦善新
终　审　人：胡晓明
责任编辑：杨　晖　张　杰　朱赛亮　**责任校对**：李林凤

出版发行：中国社会出版社　**邮政编码**：100032
通联方法：北京市西城区二龙路甲 33 号
电　　话：编辑室：（010）58124853　58124815
销售部：（010）58124841　58124839
（010）58124842　58124852
网　　址：www. shcbs. com. cn
shcbs. mca. gov. cn
经　　销：各地新华书店

中国社会出版社天猫旗舰店

印刷装订：中国电影出版社印刷厂
开　　本：170mm×240mm　1/16
印　　张：14. 5
字　　数：215 千字
版　　次：2017 年 1 月第 1 版
印　　次：2018 年 1 月第 2 次印刷
定　　价：32. 00 元

中国社会出版社微信公众号

《优秀社会工作案例丛书》
编委会

总　序

案例，是社会工作者用生命影响生命的文字记录，是受助者回归社会、找回自己的心路历程。十年来，我国广大的社会工作者在实践中借鉴发达国家和地区的先进经验，结合我国实际，在扶贫、济困、扶老、救孤以及城乡社区服务方面创造出了许多本土的社会工作方法，取得了较好的服务效果，同时也积累了丰富的本土经验。

截至目前，“全国优秀社会工作案例”评选活动已举办三届，共评选出优秀社会工作案例200多个。本套丛书的案例基本是从其中精选而来，这些案例鲜活、真实、实用、具体，涉及广泛的社会工作服务对象以及众多实务领域，从中也能看出我国社会工作实务领域的发展趋势，社会工作的春天已经来临。

矫正社会工作发展迅猛。当前我国的矫正社会工作主要集中在社区矫正领域，主要为司法体系规定的社区矫正对象和刑满释放人员提供专业服务。另外，随着相关禁毒戒毒法律法规的颁布实施，我国的戒毒工作开始向以社区为主导的康复模式转变，为社会工作介入社区戒毒领域提供了广阔的平台。目前，各地的戒毒社会工作者正在逐步尝试运用社会工作的专业理念、方法与技巧，为社区康复与戒毒人员提供专业的社会工作服务，使戒毒社会工作得以迅速发展。

医务社会工作专业化水平不断提高。在医务社会工作中，医务社会工作者与医生、社区工作者、患者家属及患者本人组成一个团队，他们相互配合，共同为处于康复期的疾病患者提供愈后服务与援助。由于医务社会工作者需要处理服务对象的身体疾病引发的心理问题及生活境遇引发的危机状况等一系列问题，任务艰巨且需要探索的领域难度较大，这些对社会工作者的职业胜任能力提出了极大的挑战，医务社会工作者的专业化水平也在实践中得以不断提升。

家庭社会工作需求缺口大。近年来，一大批专门为家庭提供服务的社会服务机构应运而生，从业人员多由专业社会工作者担任，针对性地开展了大量行之有效的工作。家庭社会工作案例涉及亲子冲突、家庭矛盾、青春期教育、外来媳妇、空巢老人、单亲家庭、再婚家庭、多重困境家庭、病患家庭、涉外送养等社会热点，服务范围已经突破了传统的工作领域，服务内容包括家庭关系咨询、婚姻辅导、教育方案制定、就业协助、经济补助、住所及食物提供等。随着家庭结构和家庭问题的多元化变迁，家庭社会工作的需求缺口会越来越大。

青少年社会工作始终是最受关注的领域之一。青少年社会工作案例涉及青少年心理健康、厌学、网瘾、婚恋、犯罪、社会参与等一系列问题，服务过程以多种理论为依据，分析问题，评估需求，继而开展针对性的服务。服务内容包含情绪管理、自我认知、同辈关系、潜能挖掘、能力提升、社会适应、资源链接等。我们欣喜地看到，广大青少年社会工作者不仅具备扎实的社会工作理论知识，精通实务技术，而且能够秉承社会工作的专业价值理念，在助人工作中给予青少年充分的尊重、接纳与理解，成为了青少年成长路上的知心人与引行者。

儿童社会工作服务对象的涵盖面较宽。儿童社会工作案例涉及困境儿童、残疾儿童、流动儿童、寄养儿童、留守儿童、失学儿童等，其中最引人注目的是农村留守儿童问题。从案例来源统计发现，我国当前的儿童社会工作主要针对的是城市中的困境儿童，对于广大农村中的留守儿童和失学儿童所提供的专业服务则少之又少，需要儿童社会工作者给予高度的关注。

老年服务需求持续升温。老年社会工作案例涉及失独、失智、失能、孤寡、空巢、“三无”等老人问题，相应的工作方法包括个案工作和小组工作，如老人与子女关系协调的个案、失独老人互助小组。其中，老年危机干预以及老年人生命教育等针对性强、难度较高的老年社会工作方法近年来在老年丧偶危机干预、老年临终关怀等方面得到越来越多的运用。可以预见，未来很长一段时期，随着我国养老政策的逐步完善，老年社会工作将在为老服务方面大有可为。

本套丛书坚持理论和实务相结合、专业化与本土化相结合的原则，充分展现了广大的一线社会工作者坚守“助人自助”的社会工作理念、恪守科学有效的社会工作方法，从而实现服务对象和社会工作者共同成长的工作过程。整理、分析这些具体案例，可以发现，现阶段社会工作实务操作过程中呈现出一些特征：

接案过程注重专业关系的建立，更有“人情味儿”。虽然丛书中的优秀案例所面对的服务对象不同，需要解决的问题也千差万别，但是有一点是共同的，那就是社会工作者都十分善于与服务对象建立专业关系，并在工作中形成了很多具有鲜明本土特色的方法。在这些优秀案例的背后可以看到无数优秀的社会工作者，他们用自己的聪明才智拓展着社会工作专业方法的外延。

预估过程有理论支撑，更加科学精细。在丛书的众多案例中，每一个案例都按照专业要求对服务对象的问题做了充分的预估，并且有2~3个理论作为预估的依据。总体来看，当前我国社会工作实务领域在预估阶段运用最多的理论是生态系统理论、需求层次理论和认知行为理论，这些理论为社会工作者科学地界定服务对象的问题提供了依据。

方案设计规范具体，操作性强。丛书所收录的优秀案例，无论个案工作的计划书，还是小组工作的方案设计，都充分体现了社会工作者的专业水平。仔细分析服务内容会发现，社会工作者在实际开展服务时，对于西方的一些经典社会工作操作理论与方法，既有继承，又有创新，加入了很多“中国元素”，很适合我国的实际情况。

介入方法的选择凸显“服务对象为本”的价值理念。从本套丛书所选取的案例来看，社会工作者对于介入方法的选择是慎重的，个案工作方法的运用明显高于小组工作方法和社区工作方法，凸显了“服务对象为本”的价值理念。

总之，社会工作是一种专业性、实务性很强的职业活动，特别强调实践和分享，期望本套丛书的出版能够为广大社会工作者提供启迪，提升专业技能；能够有效地扩大社会工作的影响力，提高社会工作在社会大众中的认可度。“十三五”时期是全面建成小康社会的决胜阶段，比任何时候都更加需要发挥社会工作的独特作用。随着我国在社会工作政策制度、行政管理、人才培养评价、人才激励保障、服务平台建设、服务开展、资金投入等制度方面的进一步完善，社会工作服务定会逐渐惠及全国各个地区、各个领域、各类人群，开启社会工作发展的新篇章。

无论你从事什么样的工作，无论你是不是社会工作者，在“助人自助”的旗帜下，让我们携起手来，互相配合，不分你我，给身边需要帮助的人带去一片温馨，送去一份关怀，愿我们都成为点燃烛光的人！

丛书主编

前　言

关于社区工作的含义，通常存在两个层次的理解：一方面，广义的社区工作是指在社区内开展的，提高社区福利、促进社区和社会协调发展的社会服务或社会管理。因此，任何个人或组织，包括政府、政党、各种社团以及企业等，只要是在社区内从事的助人活动和服务，都可视为社区工作。另一方面，狭义的社区工作则是社区社会工作的简称，特指专业社会工作机构及社会工作者关于社区工作的理论、方法、技能及其应用过程。作为专业社会工作的重要组成部分和基本方法之一，社区工作主要以社区和社区居民为工作对象或服务对象，通过专业社会工作者的介入，旨在确定社区的问题与需求，发掘社区资源，动员和组织社区居民实现自助、互助和社区自治，化解社区矛盾和社区冲突，预防和解决社会问题，从而促进社区服务质量、福利水平的提高和整个社会的进步。前者可理解为社区的工作，即围绕社区开展的一切相关工作；后者则可以理解为社区社会工作，即专业的社区工作。

通常情况下，社区工作涉及以下几点内容：善用社区资源，满足社区需要；链接外部资源，解决社区需求困难；促进居民参与解决自己的问题，发挥居民潜能；促进社区关系改善；优化社区权利分配；提升居民的公民意识；培育和谐互助、积极向上的社区文化；增强居民的社区归属感。

本书中呈现的案例都是一线的社区社会工作者的真实经历，在指导思想、问题认定、服务介入等各个方面都体现出了专业社会工作的性质。因此，本书属于专业介入下的社区社会工作案例集锦。

从内容上来看，本书的10个案例主要集中在社区策划、地区发展、社区重建、社区教育、社区融入、社区领袖培养等方面，尽管并不能覆盖社区工作的方方面面，但展现出一种新的发展局面，即自2008年以来，我国社区工作与社会组织相辅相成、协同发展。一方面，社区治理理念的变化使得社会管理部门越来越重视社区服务，注重满足社区居民的多元化需求，推进社区协商治理，实现社区多元参与的新面貌。另一方面，社区工作恰好为新生的众多社会组织提供了开展工作的平台，大量围绕着社区工作开展活动的社会服务机构和社会工作者在实践中得到锻炼和成长，展现了新时期我国社会工作专业队伍的新气象。

社区居民的需求满足需要社会服务机构的服务参与，同时，社会管理部门实施的社区治理需要社区居民和社会服务机构等主体的参与。在互动的过程中，社区社会工作为政府和社会组织探索服务边界、改善治理和服务效果提供了工作平台和发挥空间。

当然，本书中的案例尽管是当前我国社区工作发展的典型代表，但也存在着一些问题和不足。因此，要用发展的眼光看待它们，给予它们成长的时间。我们将这一时期的社区工作案例集中起来呈现，就是希望对其他社区工作的参与主体有所启示、总结经验、汲取教训，从而实现更好的发展与成长。

本书的写作仰赖于众多一线社会工作者提供的宝贵案例，每个服务案例都是他们用自己的专业精神和专业能力为服务对象不断付出的过程，在此向这些一线社会工作者表示感谢和敬意！感谢你们为社会工作发展作出的贡献！感谢你们无私地提供案例供社会工作从业人员学习借鉴使用！

另外，本书严格遵守保密原则，案例中所用人物名称均为化名。同时，由于笔者本人在专业水平和专业视角上仍有不足和局限，本书的案例点评中难免存在问题和瑕疵，在此诚挚欢迎各位读者对书中存在的问题给予批评、指正。

本书主编

目　录

爱客家　爱回家

——城中村客家文化推广系列社区活动

广东省深圳市信实公益服务发展中心　曹小倩

伴随着改革开放和社会结构的调整，人口流动性不断增强，职住分离、户籍分离问题突出，社区内部的人员异质性越发强烈。不同职业和身份的社区居民往往混居在一个小区，在价值观念和行为规范方面存在很大差异。原有的文化同新“侵入”的文化不断产生碰撞和摩擦。本案例关注的是一个城中村客家文化的传承与推广话题,社会工作者设计了一系列活动来努力确保城市化下的社区客家文化得以继承，以促进文化多元化发展。

一、背景介绍

1. 活动名称

爱客家·爱回家——城中村客家文化推广系列社区活动。

2. 服务对象

（1）社区户籍居民；（2）来深建设者。

3. 参与人数

约800人。

4. 社区的基本介绍

四联社区是深圳市龙岗区横岗街道办事处下辖的一个社区，由排榜、茂盛、贤合、新塘坑4个居民小组构成，总面积5.51平方千米，总人口约4.4万人，其中户籍人口1339人，占总人口比仅约为3%。该社区属于典型的城中村，其特点为外来人口多，文化教育水平偏低。本地居民与外界联系少，客家的风俗传统多，但是客家话、客家美食、客家山歌等客家文化随着城市化进程逐渐衰退。

二、活动背景介绍

（一）社区需求突出

四联社区所在的横岗街道是客家文化的重要聚居地。居民综合素质不高，受教育年限较少，居民之间关系冷漠。传统文化受冲击、传统建筑被拆建等问题，在现代化城市变迁的包围圈中愈演愈烈。在社区中重新将传统的客家文化进行组织和弘扬，成为社区的突出需求。

社会工作者在访谈中了解到，四联社区的老人平时的娱乐生活比较匮乏，休闲娱乐方式单一。将传统的客家文化和社区的休闲娱乐结合起来，可以有效地缓解社区老人的精神文化生活需求，同时通过这些传统社区活动的开展，可以让社区的外来人口更多地了解社区的历史和文化，促进社区共融。

（二）本系列活动已由社会工作者整合到基金会资源

客家文化推广活动受到友成企业家扶贫基金会的经费资助，确保了社区活动的经费保障，同时活动开展也得到了社区居委会、四联小学、妇女联合会、老年协会的大力支持，在活动场地、人员招募等方面得到保障。

（三）本系列活动由社区服务中心搭建社区互助平台

四联社区服务中心的社会工作者运用专业的社会工作手法搭建一个社区互助平台，为本系列社区活动的社区互助网络提供一个持续发展的空间，为搭建四联社区的邻里互助平台奠定一个坚实的基础。

三、分析预估

（一）存在问题

（1）改善居民对客家传统文化的认识，恢复部分被居民淡忘的客家传统文化和提升居民的凝聚力。

（2）促进居民的社会参与意识，建立一些民间自治组织来激发居民的主动性。

（3）提升居民的综合素质，缓解他们排外心理及户籍人口与外来人口之间的“敌对”状态。

（二）理论与方法

1. 社会支持网络理论

社会支持网络理论认为一个人的社会支持网络越大，就能越好地应对来自环境的挑战。社会支持网络理论强调通过干预个人的社会网络来改变其在个人生活中的作用，特别对那些社会网络资源不足或者利用社会网络不足的个体作用特别明显。本系列的社区活动，社会工作者以客家文化为纽带，引导社区内的居民扩大社会交际、支持、沟通等网络资源，提高利用网络资源的能力，从而达到助人自助的目的。

2. 地区发展模式

地区发展模式是社区工作中的一个主要模式。本系列活动的主要理念也来自于社区发展模式。该模式主要关注社区共同性的问题，重视居民参与，注重通过建立社区自主能力实现社区重新整合，强调过程目标重于任务目标。本系列活动就是通过促进个人发展、团结邻里、社区教育、提供服务和发展资源、社区参与的服务策略，开展社会工作，社会工作者主要承担了使能者、教育者、中介者的角色。

四、服务计划

（一）服务总目标

发动社区居民宣传客家文化，促进居民之间的互动，促进本地居民和外地居民的共融。

（二）服务具体目标

（1）通过客家山歌大赛等活动唤起社区居民的共同文化心理，促使更多人参与到社区传统文化推广的行列中来。

（2）通过组织社区青少年参观客家传统建筑——鹤湖新居（龙岗区客家民俗博物馆），让年轻人了解祖辈的生活方式，感受客家文化的魅力，促进社区文化的传承。

（3）通过一系列社区客家文化活动促进社区外来人员与当地居民的沟通交流 ，减少外来人员对社区的陌生感，促进社区在文化上的共融。

（三）服务策略

1. 由点至面

本系列活动先从小的、易实现的目标着手，例如寻找社区领袖。随着服务对象的增多，需求的深入，逐渐开始实现较难的目标从而实现总体目标。从目标实现上讲，是一个由点至面的服务过程。

2. 由个人至群体

本系列社区活动开始是社会工作者面对单个的个人进行宣传，逐渐到社会工作者和居民领袖一起开展小群体的小组活动，再到全社区的大型居民活动。从参加群体上讲，是一个由个人至群体的服务过程。

（四）服务程序

为达成具体目标而建议的活动		活动开展时间	负责人	预期的成果及衡量的指标
项目活动1（对应具体目标1，下同）	1.1 寻找最熟悉客家文化的人	2012年10月	曹小倩	成果：培养3位熟知客家文化的社区领袖 指标：3位社区领袖

续表

为达成具体目标而建议的活动		活动开展时间	负责人	预期的成果及衡量的指标
项目活动1（对应具体目标1，下同）	1.2社区客家文化宣讲会——曾经的故事	2012年11月	曹小倩	成果：3位社区领袖收集身边的故事，开展一次社区宣讲会 指标：宣讲会1场
项目活动2	2.1客家话学习小组	2012年11月	朱巧	成果：参与学习小组的成员可以和地道的客家人无障碍沟通 指标：8节
	2.2组织青少年参观龙岗区龙岗街道客家民俗博物馆（鹤湖新居）	2012年12月	秦金金	成果：青少年全面地了解客家文化的历史和魅力 指标：20人参观
	2.3发动社区客家文化影像展	2012年11月～12月	程星星	成果：发动社区居民和志愿者参与拍摄，在社区巡回展出影像 指标：参与者至少10人 展出时间>10小时 居民评选出10大优秀作品
项目活动3	3.1社区客家山歌大赛	2013年1月	朱巧 曹小倩	成果：召集社区客家山歌爱好者参与活动，让居民感受客家山歌的优美 指标：比赛人数>10人 参加活动者>50人
	3.2客家美食厨艺大赛	2013年2月	朱巧 曹小倩	成果：展示客家美食的种类，召集居民参与品尝参赛者的作品，评选出客家美食达人前三甲 指标：比赛人数>5人 参加活动者>50人

续表

为达成具体目标而建议的活动		活动开展时间	负责人	预期的成果及衡量的指标
项目活动3	3.3社区客家文化社团建立	2013年2月~3月	胡爱萍 吕淑波	成果：协助社区领袖建立一个社区客家文化社团，促进居民自主维护和宣传客家文化，保证项目的持续性效果 指标：社团人数>5人 可以独立开展社区宣传1次

扩展阅读

新加坡的社区管理和社区教育

新加坡社区教育的特色：一是坚持物质建设与精神建设相结合的方针，把爱国主义教育与维护居民的切身利益紧密联系在一起；二是组织工人平价合作社，把社区和社会管理与维护工人的切身利益联系在一起，给他们以看得见的实惠。

另外，新加坡社区中心及文化俱乐部，从满足各年龄层次居民的不同需求出发，开展了丰富多彩的社区文化教育活动：

❖满足老年人的需求。新加坡把老年人称为乐龄人士，1978年首创乐龄俱乐部，其主题是“即使过了60岁，生活仍然璀璨”。

❖满足工人群众的需求。新加坡工会学习中国工人文化宫的做法，并加以发展，把文化活动办得非常热闹，而且突出工会主办的特点。

❖满足青年人的需求。新加坡专门成立人民协会所属的青年运动来组织青年活动，以满足青年人的各种需求和兴趣。

❖满足少年儿童的需求。人民协会所属的青年运动组织还设立儿童俱乐部，为6~14岁少年儿童服务。开办幼稚班、日间托儿所，举办补习班及假期活动，并使儿童有机会参与青年活动，为将来招募青年团员工作铺平道路。

（来源：中国社区教育网，http：//www.ccedu.org.cn/sqjy/web/zlk/111504.htm）

五、服务实施过程（部分精选）

（一）文化学习——客家话学习角

1. 第一阶段：活动过程

活动时间：2012 年 11 月 6 日～30 日（8 次）

<table>
<tr><td>活动目标</td><td colspan="2">1. 吸纳本地居民和外地居民共同参加学习活动，鼓励本地居民一带一学习客家话
2. 促进本地居民和外地居民的沟通和互动
3. 争取建立部分居民的社会支持网络产生客家文化社团领袖</td></tr>
<tr><td>活动理念</td><td colspan="2">通过居民之间的共同活动，促进互动效应的产生。居民能够分享自己拥有的社会网络资源</td></tr>
<tr><td>活动内容</td><td colspan="2">参与者：户籍居民 14 人，外地居民 25 人
内容：
1. 社会工作者讲解客家话建立学习角的目的和意义
2. 社会工作者教授基本的生活用语
3. 学员之间寻找搭档，练习客家话
4. 学员将定期呈现学习成果，例如短剧等，可以作为相互学习的生动素材</td></tr>
<tr><td>招募方法</td><td colspan="2">1. 在小区内张贴宣传海报
2. 请社区工作站或者管理处的工作人员协助宣传
3. 向老年人协会及其他相关的组织发出邀请</td></tr>
<tr><td>预期困难与应对方法</td><td>困难：
招募不到足够成员
有些老人带有小孩
老人的突发性疾病
语言障碍
恶劣天气</td><td>对策：
在小区内宣传并邀请服务对象参加或致电给对象邀请他参加
可以让小孩同老人一起参加
请一位医护人员在现场，准备必要的药品
事先了解参加者的语言沟通情况，根据实际情况作出相应的调整
改换场地，或者推迟、延长活动时间</td></tr>
</table>

续表

活动评估方法	工作人员观察现场反应 收集参与者的意见和对参与活动发表意见 活动后组员讨论，然后负责人总结并写总结报告

2. 活动小结

客家话学习角每周两次，持续了 8 次。在一个月的学习中提高了组员的听说能力，减少了本地居民和外地居民在语言上的障碍。在活动中有效地促进了本地居民和外地居民的沟通和互动，形成了一个好朋友的社区网络圈子。

（二）文化交流——客家山歌大赛

1. 第二阶段：活动的过程

活动时间：2011 年 12 月 14 日

活动目标	1. 引导客家文化社团领袖组织活动、参与活动的能力 2. 开展活动，丰富居民的精神生活，减少居民的空虚感 3. 建立一个休闲平台，让居民展示自己的才艺 4. 促进本地居民和外地居民的互动交流
活动理念	给居民提供自我展示的平台，丰富休闲生活，弘扬客家文化。在活动中产生交流，从而引导大家一起参与客家文化的推广活动
活动内容	参与者：共计 80 人（其中来深建设者 37 人，户籍居民 43 人） 1. 组员入场，社会工作者要做好引导和座位的安排，并让每位参与者领取抽奖号码一个 2. 主持人串场，介绍活动的基本流程 3. 依照次序入场表演 4. 评委点评 5. 领导颁奖 6. 社会工作者对本次活动进行简单的总结，并简要说明下次活动内容，同时接受报名
招募方法	组员的自愿报名（主要从客家话学习角中吸纳） 在宣传栏内张贴海报 居民委员会工作人员推荐

续表

预期困难与应对方法	困难： 音响调试不好 表演嘉宾过多 活动气氛不够	对策： 提前约好调试员前去调试 将多出来的节目调至评委打分环节表演 以游戏互动来增加活动的气氛
活动评估方法	工作者的自我反思 协助人员及义工的评价意见 参与者的反馈意见 社区工作人员的反馈意见	

2. 活动小结

客家山歌大赛的举办，在社区起到了引导作用，重新燃起居民对客家文化的热情。同时也调动了社区内的人力、物力资源，共同保证活动的圆满完成。活动有来深建设者和户籍居民两个群体，通过组员之间的合作、竞争，拉近彼此距离，扩大社会支持网络，增加对社区的认同感和归属感。活动让他们由陌生到熟悉，初步达到预期目标。

（三）文化传承——组织青少年参观龙岗区客家民俗博物馆

1. 第三阶段：活动过程

活动时间：2011 年 12 月 15 日

活动目标	1. 让青少年了解客家祖辈的生活方式，感受客家文化的魅力 2. 牢记客家文化，从自己做起，宣传客家文化
活动理念	通过参观学习的方法让青少年以自己喜欢的方式去理解客家文化，潜移默化地喜欢客家文化，对自己的社区产生一种强烈的认同感
活动内容	参与者：户籍居民 10 人，外地居民 12 人 1. 在社区招募队员，并与民俗博物馆取得联系，获得了团体免费参观的优惠 2. 社会工作者和义工分为 5 个小队，带领青少年搭乘地铁前往参观。强调青少年外出注意事项 3. 解说员组织参观，并积极回答提问 4. 感想抒发，团体讨论

招募宣传方法	1. 电话通知有登记的服务对象 2. 在社区主要宣传栏张贴宣传海报	
预期困难 与 应对方法	困难： 车辆占用篮球场 电源问题	对策： 联系社区保安队长协助劝导； 协调社区电工协助接电源
活动评估方法	1. 问卷评估。统计分析两者之间的纵向变化 2. 工作者的现场观察 3. 参与者参加活动的感受	

2. 活动小结

客家文化的推广不仅要发动居民发扬已掌握的客家文化，更重要的是将老一辈的文化很好地传承到新一辈。社区服务中心重视青少年对社区的归属感，对社区文化的认同感。通过此次活动让青少年对客家文化有了新的认识，对自己所处社区的文化有了自豪感。

知识链接

社区教育重点与工作手法

参与层次	教育重点及目标	心态	工作方法
领袖(居民委员会委员)	态度:以公众利益、社会公益为己任;行为:组织集体行动、基层动员及领导的能力;知识:政策分析、权利资源分布、政府框架	成就取向:可实现一些目标;权利取向:有影响力、受人重视;关系取向:有人认同;意识提升:社会公益、为社区服务	培养领袖技巧及才能;提升策划/决策的机会;提升社区内外代表机会,进行社区联系;增强领袖行为的满足感;增加社区居民对领袖的认同和支持

参与层次	教育重点及目标	心态	工作方法
组员（积极参与者）	态度：认同"不平则鸣""打抱不平""见义勇为"的精神；行为：主动发表意见及参与具体的事务工作；知识：分析问题，并能建议解决问题的方法	成长取向：希望继续学习，发展自己；调剂生活：有时间便实现一些理想或目标；服务取向：帮助他人；关系取向：有志同道合的朋友	以较长线的课程/小组维系；较长线及机构性活动/服务；提供参与机会，增强参与的成就及满足感；建立小组/社群的归属感；提供更多拓展生活领域的机会
旁观者（响应参加者）	态度：认同集体参与的重要性，愿意参与；行为：在许可的情况下参与集体行动，询问事件发展；知识：了解集体争取的目标和途径	资料掌握：想了解多一些；活动取向：有娱乐活动；利益取向：得到利益；关系取向：想结识他人	加强彼此的认识/关系加强活动的满足感；吸纳为短期/事件式的志愿者；吸纳为联络人/咨询对象；提供直接参与途径；针对需要提供服务
冷漠居民（不响应、不参与）	态度：以"共同利益"引起兴趣，以"利益"为出发点去关心社区事务；行为：留意宣传活动的内容，发表个人意见；知识：明白社区集体行动事件的轻重影响	尝试/观望：研究可以实现什么；好奇心：有引起兴趣的事件；利益取向：不必吃亏	提供开放式的参与方式；吸引注意力，提供详细的参与资料；以推销方式邀请参与；明白他们的兴趣/需要；留下联络方法

六、活动评估

（一）活动目标达成情况评估

（1）此次活动目标基本达到，分别吸纳了本地居民和外地居民共同参与活动，并在活动中获得互动交流，有助于建立邻里互助的支持网络。

（2）利用活动激起社区居民的共同文化心理，吸引社区居民参与活动。

（3）在重视客家文化推广的同时更注重文化的传承。

（4）通过一系列社区客家文化活动促进社区外来人员与当地居民的沟通交流，促进社区在文化上的共融。

（二）活动内容及形式评估

1. 活动内容由浅至深

本系列社区活动是从文化学习—文化交流—文化传承设计的。社区服务中心提供一个居民认识和接纳的空间，让社区不同地域的人群有交流互动的机会。从社会工作实务来讲就是学习客家语言是一个契机，借由这个契机让服务对象开始接纳彼此的文化，在个人层面产生新的社会网络。

2. 参与人群广泛

有本地居民，也有外地居民，年龄涵盖老、中、青三代。

3. 活动形式丰富多样

社会工作者根据参与群体的差异，设计不同的活动形式，包括学习小组、歌唱比赛、参观活动等。

4. 活动的成效较为突出

四联社区服务中心开展客家文化推广系列活动的一个目的是为了组织居民互动、交流，扩大社会网络支持。另一个目的是提升居民参与社区事务的意识和能力，培养社区文化社团领袖，增强居民自己改变自我生活的能力。

七、专业反思

（一）社区服务要结合社区特点

四联社区处于深圳最大的客家文化圈内。社区服务中心在四联社区开展关于客家文化的社区活动，主要基于社区客家文化氛围底蕴浓厚、社区传统文化受到了现代化城市社区的冲击、社区内有对客家文化感兴趣的人、本地居民和外地居民有很大的文化差异等原因。

（二）社区活动的开展重在提升居民参与社区事务的能力

社区活动非常容易停留在仅仅组织一场活动，达到气氛热烈这个成效。客家文化推广系列活动从浅到深，尊重居民的接纳程度。客家文化推广系列活动在逐渐扩大个体的社会网络资源，形成一种邻里互助的支持网络。也更注重培养社区领袖，担任号召、组织的角色，并注重培养社区领袖的组织管理能力，号召更多的居民参与社区事务。

（三）充分整合资源

四联社区服务中心在活动宣传阶段时，借助于社区老年协会、社区志愿者、舞蹈队等团体进行宣传。得到了四联社区的居民委员会的大力支持，包括场地、活动安全防卫等。在青少年层面主要借助与四联小学的合作，共同开展服务。

知识链接

社区宣传教育的基本过程

❖ 确立目标。社区宣传教育的目标是促进学校教育与社会教育双向开放，统筹社区各类教育资源，促进社区内各类教育资源协调发展，最大限度满足社区发展和社区成员对教育的多样化需求，最终实现教育社会化和社会教育化，构建终身教育体系，形成学习型社区。

❖ 对象分析。社区宣传教育的对象是社区全体居民，不过重点是社区内的成年人，尤其要重视社区内的困难群体，如无业人员、残疾人、老年人等。

❖ 内容设计。社区宣传教育主要针对社区内不同群体工作、学习的特点和需求，为公众提供多元化教育服务。

❖ 宣传推广。社区宣传教育的方法很多，如印刷宣传资料，张贴或发放到居民手中；发动社区党员、社区领袖或居民代表、居民小组长等进行宣传等。

❖ 评估成效。运用各种社区宣传教育方法，针对社区居民开展宣传教育一个阶段结束时，对宣传教育的方案进行评估，以评估教育成效、开展宣传教育的社会影响等，对积极分子进行适当的表彰，对社会工作者进行激励。

（四）注重品牌建设和活动成效的可持续性

客家文化推广系列活动已经作为四联社区服务中心年度运作中的一项内容，在中心的平台上大力向新老服务对象进行宣传，积极总结项目经验。

社区服务中心执行团队在项目周期内除了积极开展计划中的服务

之外，更重要的是为社团增能，在组织管理、活动推进方面给予支持和培训，以便该项目成效能够可持续。

案例点评

本案例报告关怀的是一个客家文化传统的居民区由于大量外来人口的涌入，在发展过程中出现自身文化色彩逐渐消退的问题。因此，保护和继承原有的地方文化就成为本项目关注的核心问题。社区教育作为一种社区工作方法，是以某一特定社区居民为对象，社区内所有居民，无论男女老幼，无论身份、地位、职业，都有受教育的需求，都是受教育的对象。在我国，社区教育主要包括：一是改革使大量的“单位人”成为“社区人”，大量流动人口进入社区，成为社区居民，这些居民都是社区受教育的对象。二是伴随着市场化房改的实施，大量商品房小区出现，不同职业和地位的社会成员，混居在小区内，社区居民异质性大，缺乏地域文化积累，在价值观念和行为规范方面缺乏统一标准，因此，需要对他们进行社区教育。三是随着老龄化社会的到来，社区教育的对象，除青少年外，还要包括更多的老年人。

本案例中，社会工作者首先对社区基本状况和需求信息作出分析。居民综合素质不高、受教育年限较少，居民关系冷漠、传统文化受冲击、传统建筑被拆建等问题，在现代化城市变迁的包围圈中愈演愈烈。在社区中重新将传统的客家文化进行组织和弘扬成为社区的突出需求。同时社区居民的娱乐生活比较匮乏，休闲娱乐方式单一。因此，如果将传统的客家文化和社区的休闲娱乐结合起来，可以有效地缓解社区老人的精神文化生活需求，同时通过这些传统社区活动的开展，可以让社区的外来人口更多地了解社区的历史和文化，促进社区共融。

社会工作者运用专业的社会工作手法搭建一个社区互助平台，为本系列社区活动构建的社区互助网络提供一个持续发展的空间。该平台囊括了社区教育活动的组织者、参与者、支持者等主体。其中，本案例中的客家文化推广活动得到友成企业家扶贫基金会的经费资助。

社会工作者通过前期调研分析，为本活动制订了工作目标和实施策略。社会工作者确定了一个服务总目标：发动社区居民宣传客家文化，促进居民之间的互动，促进本地居民和外地居民的共融，并据此设定一系列具体的活动目标。通过客家山歌大赛、参观传统建筑、社区内部原住民与外来者的对话与沟通等活动，来促进社区居民对客家传统文化的记忆巩固和意识归属。也就是通过文化学习、文化交流和文化传承三个环节的活动，加强外来者对客家文化的融入与适应。社会工作者制订了活动开展的实施方案，即由点及面，由个体到群体，并通过具体的文化活动过程设计，及时展开活动及项目评估来总结和反思整个活动。

总体上来说，该项目活动设计从项目缘起背景介绍，到社区居民需求与活动目标设定，再到活动开展策略及具体环节步骤，最后对项目的执行效果进行评估和总结，内容完整，设计合理有序，比较好地实现了活动目标。

不过，本活动策划缺乏对社会工作者扮演角色及其作用的具体介绍和说明。在社区教育过程中，社会工作者通常扮演使能者、教育者、联络者和资源提供者的角色。使能者角色推动项目的安排与开展，鼓励和动员社区居民参与，把控整体进程。而教育者是指社会工作者不仅直接开展教育活动，使社区居民有效扮演和发挥社区主人的角色功能，并预防社区问题的出现；还要尤其重视社区领袖的培养教育，训练社区领袖和社区居民掌握社区教育工作方法和技巧，帮助他们解决实际的问题，培养积极参与和自主互助的精神。联络者的角色是指社会工作者要在社区居民、社区组织、外界教育机构之间以及不同人群之间的联络沟通，提供必要的信息，就特定的社区教育任务进行交流和合作。资源联络者的角色要求社会工作者要为社区活动的开展提供资源，或联络外部的资源供给者。

同时，在开展社区活动时还要考虑社区居民的被动参与情况。社区传统文化建设尽管与社区居民的生活工作密切相关，但如何保证在缺乏具体利益刺激下的社区居民文化教育活动能够足够吸引居民，尤其是那些除“一老一少”的社区上班族和社区外来居住人口。这是要说明和交代的，否则会严重影响活动的宣传教育效果。

此外，社区教育活动的持续性如何保障也是活动设计之初所要考虑的问题。很多社区活动是一次性的，一个方案策划执行完了，社区服务活动也随之结束。然而，社区宣传教育是一个长期的过程，可以分阶段进行，但要保持持续性。

社会策划模式解决小区管理“顽疾”

——厚朴社会工作事务所解决小区停车难问题案例

北京市西城区厚朴社会工作事务所　郑丝雨

近年来，随着人民生活水平的不断提高，个人拥有私家车比例显著增加，随之也衍生了“停车难”问题。买车难，停车更难，已成为北京市机动车管理的重要特征。经常看到许多住宅小区里，大量机动车挤占小区的道路，尤其老旧小区缺少停车位，车辆乱停乱放，造成小区内拥挤堵塞、污染、噪音等环境问题，严重影响小区内的居民出行和生活质量，成为小区管理的“顽疾”。如何破解住宅小区停车难问题，成为一个民生安居课题。社区社会工作者运用社会策划的理论模式，最终解决了这一“顽疾”。

一、背景介绍

DS号院是一个老旧小区，住宅年代跨越较大，位于西城区某高新科技产业园内，院内聚集了高新技术企业、学校。同时，还有20世纪70年代建成的住宅区，产权单位分散，人员结构复杂，人口密度大，是集“办公、生产、生活”于一体，具有典型“杂居式”特点的老旧小区，各种车辆进出无人管理，占位停车造成居民区车位非常紧张。车辆无序行驶、停放造成小区道路经常拥堵不堪，不仅给居民日常出行带来不便，而且影响急救、抢修、抢险等车辆的通行。

DS号院内现有停车泊位400余个，但随着近年来全市小客车保有量的不断增加，DS号院内停车难问题日益突出。由于整个院落产权分散，管理模式不统一，造成院内停车资源利用不合理，秩序混乱。尤其是北京市停车调价政策实施以后，停车矛盾更加突出，已经严重地影响了院内居民和单位正常的生活、生产，也形成新的不稳定因素，停车问题亟待解决。

二、案例分析

本案例主要运用社会策划的理论模式。该模式是在了解社区存在问题的基础上，依靠专家的意见和建议，社会工作者通过理性、客观和系统化的分析，从多个预选方案中选择一个最理想的工作策略，根据社区需要而动员、分配资源，并在工作过程中结合变化的实际随时修改计划，使计划按预定的目标行进，在工作结束时对计划执行情况加以检讨和反思。

DS号院社区工作服务就是基本按照上述社区工作的方法进行的，在解决该问题前，厚朴社会工作事务所先到街道了解参与解决该问题的相关利益方有：区市政市容委（区交通委）、XW街道办事处、区发展和改革委、A公司、B公司、C院、D学院、E所。然后又到DS号院的社区居委会了解情况，并邀请居委会主任带领厚朴社会工作者进行社区实地调研——即为了更好地了解社区环境和社区需求，熟悉社区地理位置分布，了解社区特征、需求及问题，并与服务区域内相关组织单位建立了良好的合作关系。社会工作者通过在社区里进行实地的观察探访，初步绘制出“DS号院社区分布图”。

在社区调研时，社会工作者找到了促使该案例解决的关键人物，他就是B公司安保处处长，与他交谈中得知在2009年其代表位于院内的科技园区牵头解决过一次DS号院停车问题，虽然由于后期资金和管理问题而未能最终彻底解决，但相关资料很丰富，如各单位负责停车事宜的联系人名单、社区停车位信息资料等。这些信息对工作开展有很大帮助，为后期工作的开展奠定了坚实的基础。

在社区调研、掌握基本信息的基础上，社会工作者与街道办事处工作人员召集各相关利益方，召开了工作研讨会，共同确认了服务目标：

总目标：解决DS号院停车管理问题，缓解社区内部矛盾，促进社区和谐。

分目标：收集小区的停车需求和停车供应情况、规划设计社区循环线路、形成社区管理模式、成立小区停车管理机构。

三、服务计划

在工作会上，根据服务目标和各相关单位的职能资源情况，确认了在本服务中各相关单位的分工配合：

市政市容委主要负责充分发挥综合协调职能，确保相关部门信息通畅，定期调度协调；协调有关部门，探索和推进多产权单位大院的停车备案手续的办理程序，做好DS号院的停车泊位的备案工作；统筹推进DS号院停车综合管理试点工作。

厚朴社会工作事务所主要协助XW街道办事处按照属地管理职责，摸清底数，做好宣传动员，营造工作氛围；配合各相关单位做好日常管理和服务保障工作，定期协调各属地单位积极配合工作的开展，全面了解和掌握试点工作落实情况。

发展和改革委员会主要负责DS号院内停车场的价格审批，停车收费企业的价格监管工作。

A公司、B公司、C院、D学院、E所或共同组建一家停车管理公司，或委托、外聘一家停车管理公司负责对DS号院内所有停车泊位实施统一的社会化管理，引导相关车辆有序停放，方便车辆出行。

具体分工和服务实施计划如下：

服务目标	目标一：摸清小区的停车需求和停车供应	目标二：规划、设计社区循环路线，让车辆有序行驶	目标三：形成一个小区封闭管理模式	目标四：成立小区停车管理委员会，各司其职
计划	计划一、计划二	计划一、计划三	计划三、计划四、计划五、计划六、计划七	计划八、计划九
参与单位	XW街道办事处、厚朴社会工作事务所	XW街道办事处、厚朴社会工作事务所	市政市容委、XW街道办事处、厚朴社会工作事务所、A公司、B公司、D学院、E所	发展和改革委员会、市政市容委、厚朴社会工作事务所、A公司、B公司、D学院、E所

1. 计划一：征求内循环意见

协助XW街道办事处牵头召集DS号院内所有产权单位，就停车问题进行会商，对于小区“左进右出”内循环方案征求各相关单位意见，达成DS号院停车资源统一社会化管理的共识，形成书面意见文件。

2. 计划二：统计停车需求

深入各单位，摸清现有停车资源，了解社区内停车需求，协助DS号院内社区居委会做好社区内常住户籍人员长期停放的车辆的统计工作，做好试点工作开展前的宣传动员工作。

3. 计划三：收集各产权单位意见

DS号院内各产权单位应调整现有停车管理模式，将现有停车资源统一委托给停车管理企业，市政市容委将根据社区内实际的停车位数据给予备案。

4. 计划四：申请收费资质

发展改革委按照北京市一类地区路外停车场收费标准给予价格审批（每车每小时8元）。

5. 计划五：确立办证办法

DS号院内常住居民可持户口簿、房产证、本人身份证、驾驶证、机动车行驶证等有效证件到XW街道办事处申领优惠停车申请表，街道办事处、社区居委会审核通过后加盖公章，由停车管理企业给予核发优惠停车证明，并按照XW区居住区周边临时占道优惠停车标准收取停车管理费（每车每月150元）。针对社区内单位职工私家车辆、单位公车也可采取包月方式办理优惠证明，具体由产权单位同停车管理企业协商，原则上不得低于居民停车的优惠价格。

6. 计划六：错峰停车

针对夜间居民私家车辆较多，导致居住区内部停车位不足的情况，科技园夜间可开放部分社区内车位提供给周边居民，缓解居住区停车压力。

7. 计划七：规范化停车秩序

发展和改革委要做好停车价格的监督和检查工作，严控“议价”“私自打折”等违规行为，确保试点工作落实到位，通过价格调控，规范停车秩序。

8. 计划八：成立停车管理委员会

协调各产权单位、社区居委会、业主代表成立小区停车管理委员会，选出管委会会长，制定章程等；并定期召开例会，对试点工作中存在的重点、难点问题进行会商，广泛听取意见，不断提高停车管理企业的管理能力和服务水平。

9. 计划九：试行观察效果

试点工作开展实施后，停车管理企业要做好和社区内原有停车场经营单位的对接工作，签订承包协议；在该社区东侧的正门处设置出入岗，并安排专门管理人员，根据社区内居民私家车、办公车辆和外来社会车辆的进出情况，对现有多处停车场进行有序引导，要确保“各就其位”；在保证居住区停车秩序的同时，也要保证科技园区正常的生产、生活秩序。试点工作运行 3 个月后，由市政市容委牵头召集各相关单位，评估试点工作效果，制订下一步工作方案。

四、服务实施过程

（一）筹备阶段（3 月 26 日 ~3 月 31 日）

该阶段工作主要是制订调研方案和问卷，对参与调研的员工进行培训。XW 街道办事处负责协调展开“统筹协调会”，邀请解决社区停车管理问题的学校、物业、社区居民代表、驻区单位等相关利益方共同参与，阐明街道办事处介入的目的和意义，望大家对后期调研工作给予相应的支持。

建立合作关系，街道办事处工作人员带领社会工作者到各单位进行走访，了解各单位的停车需求。这对后期到各单位协调解决问题增加了信任感和权威性。同时认识每一家单位的负责停车事宜的管理人员。这个阶段社会工作者的身份为街道工作人员。

与此同时，在各高校招募13名志愿者，组成一个项目团队，进行停车项目培训和停车统计技能培训，从中选出项目主管和项目助理，并赋权他们带领志愿者团队开展调研工作。这为后期繁杂的调研统计工作做好人力资源储备。

（二）实施阶段（4月5日~5月7日）

该阶段主要是社会工作者对DS号院进行深度调研，调研阶段的工作分为两个部分：一部分是针对社区内居民及院内其他单位的停车需求情况，分别统计出停车需求和停车供应情况后撰写调研报告；另一部分是规划小区内循环路线，确保社区内车辆有序出行。

为了更快捷、准确地完成该阶段工作，厚朴社会工作事务所的社会工作者与DS社区居委会的社区工作者进行了分工协作，厚朴的社会工作者们负责带领志愿者开展对驻区单位的停车情况进行调研。具体的调研情况如下：

	方式	目标
内容	1. 社区内各相关利益方提供车辆登记信息 2. 24小时进出车辆车牌登记与拍照（车流量/进出车辆牌照）	1. 找出哪些车辆属于社区内组织 2. 非社区车辆所占的百分比

根据我们每天在门口计算的以及社区内组织自报的数据，我们整理出以下几个比较数据：

<table>
<tr><th>车辆数（辆/日）</th><th>内容</th><th>获取方式</th><th>结论</th></tr>
<tr><td>400 左右</td><td>实际停车数</td><td>每天分三个时间段进行统计，即：
7：00～8：00 一次
12：00～13：00 一次
19：00～20：00 一次</td><td rowspan="4">• 75% 的社会外来车辆，一般都是短期停放，且每天停车数量小于实际车位，错峰停车车位足够使用
• 关键是否合理有序地管理车位</td></tr>
<tr><td>545</td><td>实际车位数</td><td>车辆管理公司规划</td></tr>
<tr><td>800 左右</td><td>24 小时进出的车次</td><td>我们每天在 DS 号院门口拍照统计，其中 75% 是社会外来车辆</td></tr>
<tr><td>1002</td><td>各单位上报的停车位需求</td><td>各单位自行上报</td></tr>
</table>

社区居委会的社会工作者负责组织楼门院长对社区内的居民停车情况进行调研，在工作开展前双方共同设计和完善了调研表格，并针对调研中可能会出现的一些问题进行预案。厚朴社会工作事务所的社会工作者共同参与楼门院长停车工作部署会，会上解释了此次调研的目的和意义，并希望社区居民群策群力，共同参与到公共问题的处理中来。

实施阶段主要成果体现在停车需求、停车资源及其进行对比，这样可以直观地看到 DS 号院内的停车供应关系，以便制订解决方案。

事务所车辆统计情况表便是根据实地走访统计得出的居民、院内各单位有停车需求的车辆数量、他们各自所拥有的停车资源以及两者之间的对比。其中 A 公司、B 公司、C 院处在 DS 号院中间的科技园区内，科技园区内有独立的停车场。

事务所车辆统计情况表

<table>
<tr><th></th><th>居民</th><th>A 公司</th><th>B 公司</th><th>C 院</th><th>D 学院</th><th>E 所</th><th>总数</th></tr>
<tr><td>停车需求（辆）</td><td>282</td><td colspan="3">188</td><td>119</td><td>125</td><td>714</td></tr>
<tr><td>需求比例</td><td>39%</td><td colspan="3">26%</td><td>17%</td><td>18%</td><td>100%</td></tr>
<tr><td>车位资源（辆）</td><td>180</td><td colspan="3">270</td><td>65</td><td>30</td><td>545</td></tr>
<tr><td>停车供需差（辆）</td><td>－102</td><td colspan="3">82</td><td>－54</td><td>－95</td><td>－169</td></tr>
</table>

但是各单位自行报上来的内部停车范围的地域及数量却与事务所车辆统计情况表的数据不相符。

各单位自行统计的车辆情况表

	居民	A 公司	B 公司	C 院	D 学院	E 所	总数
各单位自报的停车资源数（辆）	260	270	85	60	85	60	675
车位资源（辆）	180	270	65	30	63	30	545

① D 学院：50 个（范围为院内 20 个车位 + 学校围墙下边 20 个车位 + 后勤中心 10 个车位）。

② D 学院后勤服务中心：35 个（范围为食堂前边 35 个车位）。

③ E 所：60 个（范围为院内 60 个车位）。

④ 科技园区：270 个（范围为园区院内的 270 个车位）。

⑤ 居民区：260 个（范围为其他公共停车资源的 260 个车位）。

以上两份表显示出各单位确定的停车数和我们在社区内统计出来的停车数据不相符，厚朴社会工作事务所是按照停车管理公司的标准（3m×4.5m）来确定的，但是其他单位是按照车辆停放的紧密情况来统计的；D 学院甚至将学校围墙下属于居民的停车区域也划为学校的车位，因此报上来的停车位比我们统计出来的要多。不过，深入分析内在原因是每个单位还是想多占免费车位和公共资源，同时又规避所属车辆管理的问题，这对后期成立车辆管理委员会起到消极作用。

在社会工作者调研居民和驻区单位车辆情况的同时，也调研了他们对社区内行车秩序的管理意见，并绘制了两种院内“内循环”出行线路图，由于该小区是单进单出，因此出入方式为“左进右出”和“右进左出”，经过投票统计民意，决定社区内行车路线图为“左进右出”。

（三）总结阶段（5 月 8 日 ~6 月 16 日）

该阶段主要完成了停车管理调研报告，与街道办事处共同制定小区停车收费管理办法和收费标准，并征求各产权单位意见；成立小区停车管理委员会，制定停车管理委员会职责和分工，权利与义务，停车收费的财务使用范围等相关问题。

通过一个多月的深度调研，社会工作者协助街道办事处制订出两个解决方案，具体如下。

1. 方案一：停车管理全面社会化

（1）内容

全面社会化即利用市场机制调节社区停车资源利用，一方面满足并协调居民和企业车辆的停放需求，另一方面可以适当缓解周边道路停车压力，让停车公司负责运作有偿提供停车服务的方式。

①由于没有单一的主体可以申报停车管理资质，按目前来说，扩大科技园区物业停车场的管理范围，包括停车楼在内至少400个车位（调研中计算为600个，但是重新规划时要留出消防通道等，估计可以在500个车位左右，需要联系停车公司进行最后车位数量及位置的确定）。

②按照规定，居民社区停车场每小时收费2元，但是公共道路和商业、企业停车场每小时8元，相差较大。目前针对混合社区的停车费用要求没有相关规定。另外，此次停车计划和道路整改的目的是拦截外部车辆，如果按照居民区收费标准，价格过低，很难达到目的；按照社会车辆停车收费至少为每小时8元，有效拦截外来社会车辆，可是价格过高，居民会出现抵制情绪和反对意见。需要更多的时间由街道办事处、社区居委会等相关部门进行宣传、倡导。

③居民停车收费可以实行包年、包月等优惠政策，针对每周或每月探亲的居民亲属可办理“一托二”的停车卡，方便居民进出，费用设定由停车公司、市政市容委和发展改革委员会结合居民意见确定，但原则是居民有优惠价格。

④政府托管难度较大，且DS号院内人员和企业流动性较大，通过社会化承包给停车管理单位，但只有具备足够的停车费才能够调动停车管理单位的积极性（市政市容委建议扩大目前科技园区内部停车物业的管理范围，该物业对社区内部情况比较了解，沟通与合作已经

较为熟悉、流畅，有利于日后的管理）。

（2）不足

实施居民停车优惠，居民、企业错峰停车，资源整合利用等一系列措施具有极大的操作性和可行性，但停车管理问题的解决由政府牵头，直接聘请专业的停车公司管理，不仅加大了政府人力物力的投入，而且企业内部本就稀缺的停车资源也无法真正做到与社会共享，根本不可能实现停车的社会化管理。这一点是需要高度警醒的问题。通过对DS号院的部分居民的访谈及实际调查后得知，该辖区居民更倾向于自治管理，政府包干一管到底的做法对该小区的管理作用不会太大，其可持续性也需要更多考证。

2. 方案二：管理为主，收费为辅

（1）内容

①成立车辆管理委员会。联合各个单位，以充分利用各单位的停车资源为前提，对公共资源占有问题进行协商，承担相应的社会责任和管理成本。

②居民动员，确定居民停车收费制度，联合市政市容委、交管部门与发展和改革委等单位，共同制定，保证居民停车需求。

③统一制作临时停车证，采用不同颜色的停车标志，区分车辆归属性质，不仅有利于管理工作执行，同时有利于巡查车辆是否停泊在划分区域，企业车辆应先考虑停在企业停车位内，按照要求进行停放，可适度占有公共资源。

④管理权限问题，目前没有合适的产权单位可以承担管理，需要依靠社会专业停车管理公司，就整体停车状况进行规划，但必须遵守以下原则：一是以满足社区居民与单位的停车需求为前提，适度开放停车资源；二是公共资源应以居民为主体，企业占有按比例分配并承担相应的费用；三是居民停车收费标准给予优惠政策，相对企业和外部停车，应该处于最低收费标准，但也要求有偿停车；四是协调科技园区的停车资源，保证A公司、B公司、C院的车辆应尽可能停放在

停车楼内；五是停车证可以区分车辆归属，方便确认和管理。

⑤DS社区居委会希望在解决停车难问题的过程中，也可以解决部分“4050”人员的就业问题，协调停车公司或停车管理方，聘用了解社区情况的无业居民，但是可能会出现身份转换中的职权与人情的伦理困境，还需要进一步讨论与协商。

（2）不足

如果雇佣“4050”人员，其在疏导停车秩序时的执行力度有待考量；车辆管理委员会从根本上属于自治组织，但又不像居委会与街道办事处服务的宗旨高度一致，虽然在一定程度上车辆管理委员会是替政府来管理停车公司，但是其行政权力不受到法律的保护（不像业委会的职权受法律保护），而且多家单位之间的意见统一起来也有一定难度，需要政府定期参加联席会议，并起到引导作用（特别是需要大家共同出资，影响到公司的利益的时候，容易出现一边倒现象）。

3. 两个解决方案在运用中遇到的困难

虽然看似简单的两个解决方案，社会工作者在与各家产权单位的意见征询过程却非常繁杂，且各家产权单位众说纷纭，后来遵循少数服从多数的原则，先尝试运用方案一解决，但是在运用的过程当中，却遇到了以下的困难和障碍。

（1）实施聘请第三方公司管理，居民和A、B、C、D、E五家单位共同缴费办理车证，社会工作者先后邀请了北京公安安达车辆管理有限公司、工联顺达、普信物业三家公司制订DS号院停车管理方案。他们的预算分别为60万元/年、80万元/年和270万元/年，由于高昂的费用而叫停，而且科技园区内270个车位都以320元1月的价格出租，若是聘请停车公司管理，会造成重复收费的情况。

（2）针对居民、企业错峰停车问题的解决，社会工作者通过与各单位进行沟通协调，各小型单位统一将矛头指向科技园区，说他们不愿意开放内部270个车位给居民使用。于是社会工作者代表小型单位利益集团与科技园区谈判，结论是他们认为这个园区四层高架停车场是为高新产业园区的企业单位使用的，如果向居民开放性质就不一样了，所以运用这个方案无法达到预定目标。

（3）D 学院车位少，但是需要的车位较多，老师集中在周三授课，一般每周只来一两天，学生主要集中在周六日上课。因为 D 学院是一所函授学院，所以担心生源问题，不愿意园区停车收费或者对居民采取优惠政策。

（4）通过对 DS 号院的部分居民的访谈及实际调查后得知，该辖区居民更倾向于自治管理，政府包干一管到底的做法对该小区的管理作用不会太大，其可持续性也需要更多考证。

知识链接

社会策划的基本步骤

了解组织的使命和目标
↓
分析环境和形势
↓
自我了解
↓
界定和分析问题
↓
确定需要什么
↓
建立目标及达到目标的标准
↓
寻找、比较并选择可行方案
↓
测试方案
↓
执行方案
↓
评估方案

4. 最终达成的解决共识

（1）各单位确定内部停车范围的地域及数量。D 学院：50 个

（范围为院内20个车位+学校围墙下边20个车位+后勤中心10个车位）；E所：60个（范围为院内60个车位）；D学院后勤服务中心：35个（范围为食堂前边35个车位）；科技园区：270个（范围为园区院内的270个车位）；居民区：260个（范围为其他公共停车资源的260个车位）。

（2）各产权单位停车资源公摊，统一聘请工作人员。按照2人一班，24小时轮换4班的情况，共需要8人，所需费用3000元/人·月×8人×12个月=28.8万元，具体分配如下：D学院：50个，占7.4%，按比例额核算为21312元/年；E所：60个，占8.9%，按比例额核算为25632元/年；D学院后勤服务中心：35个，占5.2%，按比例额核算为14976元/年；科技园区：270个，占40%，按比例额核算为115200元/年；居民区：260个，占38.5%，按比例额核算为110880元/年。

（3）成立行车秩序维护志愿服务小分队。各单位自愿加入DS号院行车秩序维护志愿服务小分队，其他由DS社区居委会组织志愿者补充，每月发放一些补贴，费用从今后的停车管理收取的费用中提取。

（4）成立DS社区共建发展协会。各单位派出一名负责人员加入DS社区共建发展协会，共同决议院内停车管理问题，停车费收入的使用问题、乱停车的惩罚问题及其他社区发展相关问题。

五、案例评估

原计划是聘请停车管理公司，但是由于费用问题搁浅，于是改为到保安公司雇用8名保安人员，但是在费用分摊过程中没有居民的参与，居民的这部分费用由政府支付，这对DS号院现行的管理方案能否持续运行埋下隐患。因为未来该社区的停车收入，客观上还可以维持现在的管理运行模式，一旦入不敷出，不但政府身上的担子重了，而且其他驻区单位也会选择持观望态度。这与服务计划中让居民以低价方式停车存在出入，而且一旦车辆出现剐蹭，赔偿是一个大问题。

对于车辆管理委员会的问题，经过大家认同定名叫 DS 社区共建发展协会。DS 号院现有停车问题，也许今后还会有其他问题，希望 DS 社区共建发展协会可以成为该社区公共问题的处理主体，建立社区自我服务、自我管理的意识，在一定程度上推进了社区居民及单位参与。但是从参与程度和参与持续性上来讲，由于现在社区共建协会的制度和分工还没有明确，而且大家都是被动参与进来，今后的归属感和认同感还是有待培养和引导的。

总体来讲，本案例还是比较好地完成了预先设置的目标，具体达成情况如下：

目标实现情况						
目标	任务目标	过程目标	四个具体服务目标			
内容	解决小区停车现状，优化停车管理方案	增强社区居民及企业单位对共同生活的院区归属感和认同感，提升他们参与公共问题的意识和能力	目标一：了解小区的停车需求和停车供应	目标二：规划、设计小区内循环，确保车辆有序行驶	目标三：形成一个小区封闭管理模式	目标四：成立小区停车管理委员会，各司其职
实现情况	基本实现	基本实现	基本完成	基本完成	完成一半	完成一半

为了缓解 DS 号院的社区停车管理问题，社会工作者多次与各产权单位之间沟通协调，共计协助街道办事处召开了 15 次社区工作协调会议、3 次大型全院单位领导停车方案征集意见会议，召开 2 次社区楼门院长代表大会，共计服务 125 人次；调动了 13 名高校志愿者

参与服务长达一个月之久，累计服务达188人次，共计服务752小时。

综上所述，社会工作者利用社会策划模式初步地缓解了DS号院停车难问题，而且初步搭建了社区居民参与公共问题解决的社区自治模式。成立的社区共建协会，规划了小区内循环，有效地改善了出行秩序，促进了社区和谐发展。社区停车管理问题的有效缓解也赢得了两会代表和政协委员的高度肯定和支持。在停车供需调研期间，人大代表还带着遮阳伞来看望我们，并语重心长地说：“街道和社区有你们这帮年轻同志的苦干和实干，相信没有什么问题解决不了。”现在该小区停车管理进行到试运行阶段，未来社会工作者还会与行车秩序维护志愿服务小分队定期走访DS号院，并耐心劝导车辆有序停放和出行，共同维护院内停车秩序。

六、专业反思

（一）专业价值观

本案例中的价值观，突出体现了助人自助、民主自决。在服务目标确定、停车方案的制订、选择、试行、调整的整个过程中，社会工作者都很好地秉持和体现了这种价值观念，在问题解决的同时，使社区居民的自助、自决能力和民主意识得到了提升和增强。

（二）服务过程

从整个服务过程来看，社会工作者较好地运用了社区工作的方法以及社会策划模式。采取参与性和社区调研的方法确立的服务需求，通过社区调研准确地摸索到社区相关利益群体及社会资源，更重要的是找到了曾经试图解决过该小区停车管理的负责人员，这为社会工作者解决 DS 号院停车难问题节省了很多时间。尤其是在最初与各单位建立关系时，有这些前辈带领着，也增加了驻区单位的信任感和熟悉感。

（三）服务目标的设定

在服务目标的设定方面，可能过于乐观，认为只要大家同意聘请停车公司就可以解决问题，但是殊不知统一停车管理意见是件非常困难的事情，每到一家都有新的方案和见解。而社区内科技园区是最大的产权单位，共有 270 个停车位，其他几个小单位资源少，于是形成两大对立联盟，社会工作者只能采取逐个攻破的方法一一协商，而且停车管理委员会后期执行难度很大。就这样，社会工作者先后进行了 15 次的小型走访协商，虽然延误了解决周期，但最终达成统一管理的共识。

（四）服务成效

从服务成效来看，调动小区自身资源，参与到公共问题的管理上来，初步搭建社区自治体系。本案例有一定可复制性，DS 号院车辆管理委员会的功能是模拟业主委员会职能建立的，其实是收集民意，扮演代表政府来管理公司的角色。现在五家单位已有参考人选，需要再次召开联席大会，明确停车管理委员会职能；同时建立联席会制度，对于停车费的使用方式、管理单位的聘用、今后社区内的重大决定共同承担责任并解决问题提供了平台。

（五）专业成长

从专业成长来说，这是我们社会工作事务所第一次运用社会策划模式，采取社区参与、社区自治的方法解决社区停车难问题，而且很好地运用了“社工带义工”的模式。本案例的成功之处是机构只派出了1名专业社会工作者参与进来，通过对13名高校志愿者的整体培训、临时团队的选拔、定期的沟通总结，探索了“1+X”的服务形式。在这个过程中，既提升了专业社会工作者的领导才能，也使志愿者的专业知识得以付诸实践，促进书本理论与一线实务的结合，同时也缓解了机构人员少、业务多的服务困境。以后社会工作事务所承接项目，完全可以模仿和借鉴此项目运作的经验。像DS号院这样的老旧小区在北京还有很多，如果此方法可以缓解小区停车难，说明其具有可复制性和可推广性。

（六）北京本土社会工作的新尝试——“联合专家”

在社会策划中，社会工作者主要扮演的是专家角色，从策划的制订到了解服务机构使命和目标，从分析社区对外环境和对内机构到评估需求到制订工作计划和介入策略，从执行运作策划到总结评估，社会工作者一直充当着事实的汇集者，需要和问题的分析者，方案的制订者，行动的组织者、实施者、协助者，成效的评估者、反思者的角色，但案例结束后再反观整个服务过程，项目的规划过程需要政府机关的政策导向，项目的实施离不开社会工作者和居民的积极参与，项目的顺利运行离不开各产权单位的协作与配合。因此，社会工作者在介入社区公共问题的处理中不是单一的专家。

（七）社会策划模式中社会工作者的角色

1. 技术专家

在社会策划模式中，社会工作者主要扮演专家的角色，包括收集社区资料，进行社区分析及社区诊断，进行社会调查、资讯提供、组织运作及评估等。例如，某社会工作中心应邀进驻某养老中心开展专业服务。社会工作者对社区养老的情况摸底调查，在调查材料的基础上对社区的各种问题进行分析和诊断，明确了社区需求和社区工作目标。在项目实施过程中，社会工作中心的社会工作者始终是以专家身份与院方共同商讨，包括将社区外的资源、有价值的信息传递给社区内的工作人员；按照社会工作专业的要求筹建长者中心的功能室；搭建长者照顾的多方合作平台等。

2. 方案实施者

社会工作者执行有关方案，与有关机构、团体保持良好关系以利于方案的推动。例如，在广州市某街道家庭综合服务中心所实施的项目中，为了有效改善现代化和城市化给社区带来的社会信任下降、社会凝聚力不足、社区矛盾积累较多等问题，社会工作者以社区青少年为服务对象，设计并实施了学校个案转介服务、外来务工人员子女抗逆力提升规划、“正向亲子教育”等一系列的服务，促进青少年的自我管理、朋辈交往、亲子沟通、校园适应和社区参与，提升青少年家长正向亲子教育意识，增强家长的管教能力。在服务实施过程中，强调对服务过程的评估，每一次的服务流程都要经历“需求评估→目标设定→服务输送→服务资料收集和整理→例会分享→集体评估→新服务方案形成”的过程。在服务效果评估方面，收集了来自机构主任、服务对象、第三方、项目合作方等多方评价意见。

从社会策划模式的角度看，专业社会工作者、社区社会工作者、社区居民、社区的企事业单位、政府机关都是在运用他们各自的优势进行互补性合作，组成“联合专家”。五类人员分开来说都不是专家，专业社会工作者虽然有着丰富的理论知识和专业背景，但是却缺少社区社会工作的实务经验，很容易在社区“水土不服”；而社区社会工作者以及居民、社区企事业单位虽然没有丰富的理论知识与专业背景，但他们了解社区的实际情况，虽然会因为缺乏理论支撑以及创新而做得不是那么好；政府机关在这里可以提供政策导向，为大家共同决策提供合理合法的“生命土壤”，但是没有十足的精力。这些领域专家在专业社会工作者的串联下组成了“联合决策小组”，各自运用自己的优势，相辅相成，促进了问题的解决。

案例点评

社会策划（Social Planning），也称为社会计划，是一种社区工作模式，注重实现任务目标，强调理性处理问题，侧重自上而下的改变、控制和指导未来。具体来说，社会策划是通过社会工作者收集和分析资料，设计和实施服务方案，并对方案执行情况进行评估，以解决社区问题，满足社区居民的需求。社会策划作为一种社会发展的理性主义、社会工程学的具体应用，范围是广阔的。社区工作是就某个微型社区或功能社区而开展的组织和服务工作，与社区工作相关的社会策划可应用于地区重建、社区问题的政策策划、社区服务的项目管理、社区居民组织的计划管理等方面。本案例正是运用社会策划模式，并将社会策划的主要原则和要点贯穿到社区具体工作过程中。

香港学者梁祖彬认为，社会策划具有三个特点，即理性化、自上而下的改变、控制和指导未来。（1）理性化是社会策划的核心概念，它突出强调在作出选择和决策时，确立清晰的目标和假设，运用连贯、一致的决定标准，系统周详地考虑事实，以客观的理由和逻辑去分析各个可行的方案，评估其后果，然后作出理性的决定。在操作上，理性化可以分解为以下具体指标：清晰的目标及价值取向；列出可以解决问题或达到目标的方案及其可行性；研究和评估各方案的收益及其不足；比较各方案，选取能以最低代价达到最佳效果和效率的方案。（2）自上而下的改变可以理解为，凭借专业技术人员的知识、科学决策的能力及其权威，通过自上而下的介入，以推动社区的逐渐变化。换言之，社会策划就是依靠专家的意见，通过专家的调研、论证和方案计划，然后落实和推行方案，去解决社区内的问题，是一种自上而下的专业方法，而不是一种直接化的群众工作方法。（3）控制和指导未来，要求策划立足现在，面向未来，通过分析目前和过去的资料，预测将要发生的事情，设计应对的对策，实现理想的目标，策划的目的就是要尽量减少未来的不确定性。

本案例主要运用社会策划的理论模式，该模式是在了解社区问题的基础上，依靠专家（社会工作者）的意见和建议，通过理性、客观和系统化的分析，从多个预选方案中选择一个最理想的工作策略，然后根据社区需要而动员、分配资源，并在工作过程中结合变化的实际随时修改计划，使计划按预定的目标行进，待工作结束时对计划执行情况加以检讨和反思。

社区工作的重要基础便是社区调研，掌握社区资源，明确社区需求。而对于社会策划模式而言，根据前期调研掌握的相关资料，制订具有针对性的社区干预方案，从而达到理性解决社区问题，理顺社区关系的目的。在本案例中，为了更好地了解社区环境和社区需求，熟悉社区地理位置及其社会构成，详细掌握社区停车位数量及分布，了解社区特征、需求及问题，并与服务区域内相关组织建立良好的合作关系，社会工作者在社区里进行了实地的观察探访，并初步绘制出“DS号院社区分布图”。

在前期调研工作中，社会工作者及时掌握了社区权力分布状况，抓住社区权力关系的关键点，巧妙使用和发挥关键人物的作用，为社区干预方案的顺利实施提供了极大的便利。在本案例中，运用关键人物（某公司保安处长）是社区工作的一项重要技巧。借助其对社区停车问题的丰富解决经验，社会工作者掌握相关社区资料，对于问题的解决具有重要作用。同时，在社区调研、掌握情况的基础上，根据权力分布，社会工作者与街道办事处人员召集各利益相关方召开了工作研讨会，结合两会代表的议案，共同确认了服务目标，以解决社区停车难问题及其所带来的矛盾纠纷等。

针对社区停车难问题，制订多套方案，并通过实践检验每套方案的可行性及其优势和不足，通过对比分析选取更适合社区居民需求的停车方案，并制定相关原则，设立社区共建发展协会，通过集体协商和选择，最终选取那些具有共识性的方案设计，这恰恰是理性化的运用和表现。通过理性设计相应的工作方案，并将方案付诸实践中进行检验，从而来确定方案的效率。

从该策划方案的实施效果来看，无论是结果目标，还是过程目标，都获得了比较直观的体现。在结果目标上来看，主要表现为三点：各单位确定内部停车范围的地域及数量，各产权单位停车资源公摊统一聘请保安，成立行车秩序维护志愿服务小分队。这基本解决了社区停车难的问题，解决了小区停车现状，优化了停车管理方案，实现了最初社会工作介入的直接目标。从过程目标来看，通过社会工作的专业介入，初步形成了社区居民参与公共问题解决的社区自治模式，成立的社区共建协会，增强了社区居民及企业单位对共同生活社区的归属感和认同感，提升他们参与公共问题的意识和能力，促进了社区发展。从服务成效来看，本案例还是有一定可复制性的，通过调动社区自身资源，动员居民参与公共问题的管理，初步搭建了社区自治体系。

本案例中，社会工作者扮演了“外部专家”和协商中间人的角色。一方面，社会工作者凭借自身的外部专家身份，通过分析社区问题，厘清社区资源，进而制订工作方案，整合最终共识，通过自上而下的推行，探索社区停车难问题的最佳解决方案。另一方面，社会工作者以中间人的角色沟通和联络社区不同利益主体，为不同主体牵线搭桥，制定社区自治体系，在此过程中，发挥着润滑剂和联络员的作用。

本案例运用社会策划模式的可取之处表现在，它强调科学和理性的规划，以及专家的作用。这就使它具备其他模式所不具有的优势。第一，可以保证专业化的服务质量。因为事先已经对社区问题有清晰的界定，社会工作者又拥有工作所需的技术和能力，所以可以保证提供服务的质量。第二，社会策划具有工作效率。社会策划模式注重专家的作用，采用的工作方式多为行政安排和组织工作的方式，避免自发冲突，因而较容易有效地作出决定并采取行动以解决问题。

作为一种社区社会工作的基本模式，社会策划也存在一些缺点和实施局限性。在本案例中，社会策划模式属于机构层面的工作，居民参与相对不足，影响服务决策机会有限，只限于对计划方案提出一些意见。它以效率为重点，但有可能忽视社区居民意识和能力的培养。如果社会工作者不能恰当地运用社会策划方法，有可能使得服务对象对所提供服务的依赖性上升，可能导致被动民众群体的出现。

关爱“老年漂”

——昆山市社区融入老爸老妈项目

江苏省苏州市昆山市寸草心社会工作事务所

2016年，中国正式申请加入国际移民组织，一个重要的推动因素便是随着我国经济的发展，人口流动成为一种趋势。从“离土不离乡”到“离土又离乡”，在城市中日益由“暂住”转变为“常住”或“居住”。但由于受到户籍制度、职业培训体系、社会保障制度等制度性障碍的限制，使部分流动人口在短期内难以实现完全的社会融入，反而一直游离于居住地主流生活之外，无论是在工作上、生活上，还是在心理上、观念上，都处于居住地社会的边缘。社会融入构成了迁移人口的首要社会问题。

一、背景介绍

（一）何为“老年漂”

随着城市化进程加快和竞争日益激烈，很多年轻人选择了离乡工作。很多父母由于担心子女在外生活无人照顾，或想帮子女带孩子，选择离开家乡、来到子女所在的城市生活。于是，孩子在外闯，父母跟着“漂”。这样的老人又被称为“老年漂”或“漂族老人”。

（二）经济背景

近年来，昆山市坚持以科学发展观为指导，牢固树立“改革、创新、责任、担当”的理念，大力弘扬“敢于争第一、勇于创唯一”的昆山市精神，经济社会发展呈现“运行平稳、转型加快、质量提升、民生改善”的良好态势，地区生产总值快速增长。经济发展，城镇居民人均可支配收入也不断得到提高，对来昆山市工作学习的外地人来说具有很强的吸引力。

（三）现实需求

经济的飞速发展离不开昆山市本地人民与外来人民的共同努力。随着昆山市经济社会的快速发展，特别是外向型经济的发展，来昆山市发展和就业的外来人口不断增加。截至目前，昆山市的本地人口和

名词释义

移民类型多种多样。在不同的角度下，可以将移民划分为不同的种类。具体说来，主要有这样几种类型：

❖按照人口迁移的空间范围变化来分，可分为国内移民（domestic migrants）和跨国移民（transnational migrants）。国内移民是指人口在国家地域范围内的迁徙；跨国移民，又称国际移民，指移民迁徙跨越国界，在他国长期停留或永久居住。无论是国内移民，还是跨国移民，他们都存在新的社会、文化和经济等方面环境的再适应性问题。对于移民个体或群体而言，在迁移后其生活世界的改变是不可避免的。

❖按照人口迁移的自愿程度来分，可分为自愿性移民和非自愿性移民。自愿性移民（voluntary migrants）是指根据自己的意愿作出迁移行为选择的人口。很大程度上，自愿性移民是基于其个体意愿选择而主动作出迁移行为的，是为了追求更好的发展机会或者生活品质。比如农民工、跨国务工移民、探亲移民等。他们的迁移行为往往是从贫困地区到发达地区、从不完整生活状态到完整生活状态的地域转移。非自愿性移民（involuntary resettlement）从广义上来说，由战争、重大自然灾害、宗教迫害、政治运动和重大建设项目等受影响的移民都属于非自愿性移民的范畴。非自愿性移民，具有很大的脆弱性，很容易陷入贫困，陷入到整体性社会溃乱，社会重建遭遇失败。

❖按照移民数量可以分为个体移民、群体移民、阶层移民等。个体移民很简单，是指单个人的迁徙行为者。群体性移民则是指一群人的迁徙行为者，诸如整个家庭、家族、村庄或社区的迁徙行为者。而阶层移民，则是指迁徙行为是某一社会阶层，它强调的是大规模移民所呈现出的阶层特征。

外来人口比例为1：2。这些外来人口居留意愿不断增加，他们落户生子，为昆山市的城市建设、社会发展作出了贡献。很多“新昆山市人”父母双方都在职，无法顾及刚出生的婴幼儿，邀请老家的父母来昆山市帮忙照料孙辈。这样的老年人群在昆山市不在少数，形成相当规模的“老年漂”群体。老人选择“老年漂”，是基于家庭亲情帮助缓解子女生存压力，他们的到来应该也是构筑城市和谐的一部分。“老年漂”社区圈子窄，不了解当地相关政策，存在异地享受医保、社保等问题，语言沟通存在障碍，生活方式又不同，来到陌生城市感到无所适从。所以“老年漂”带来最实际、最迫切的问题，便是如何融入子女家庭以及子女所在城市。关注“老年漂”，需要城市释放善意的温暖，支持与鼓励他们融入城市，成为城市大家庭的一员，使城市文化生活更加多元化。

（四）机构背景

昆山市寸草心社会工作事务所致力于企业社会工作和老年社会工作，希望成为一个从事社会工作的专业平台，通过社会工作来承接政府事务，为社会组织提供能力培训、专业督导服务，为居民提供专业服务，为高校提供实践空间。目前，寸草心社会工作事务所主要致力于通过社会工作专业方法，借助心理学、护理学等专业知识，推动养老社会工作服务工作得以发展。作为专注于“老年领域”问题及倡导积极老龄化的专业社会组织，在昆山市这座“移民”城市关注政策盲点，设计“新昆山市老爸老妈”项目，通过专业的社会工作理念，运用项目管理方法，整合社会资源开展“老年漂”的社区融入计划。通过“认识、了解、融入、参与”四步骤，以“社会工作者＋义工”服务模式，使受助长者尽快融入社区，拥有一个健康快乐的异地晚年生活。同时，也让来昆山市发展的“拖家带口”年轻人能在本地安居乐业，感受灵秀昆山市海纳百川的城市情怀。

二、分析预估

（一）调查方法

“新昆山市老爸老妈”项目采取的调查方法是社区走访、问卷调查、上门走访、电话访谈等形式，通过基线分析方式来观察服务对象变化。

（二）调查对象

此次项目的调查对象是张浦镇蓝波湾小区新昆山市人的父母，这些人群在老年之时离开自己的家乡，来到异地帮助子女照顾孙辈。这些老人有一大部分是农村来的，老人有时很难听懂昆山市本地方言，有部分老人表示很怀念自己的老家，在这儿感到很孤独。

（三）调查结果

选定的30户服务对象对“新昆山市老爸老妈”项目很感兴趣，通过为期一年的项目活动，30户服务对象都感受颇深，对参加此次项目感到高兴，对项目给予了很高的期望。在之后的问卷调查中发现服务对象的归属感、幸福感都得到了提升，服务对象的家属也对此次项目给予好评，越来越多的老人想要参加这项活动。

调查报告：

“老年漂”群体的调研报告及对策

在项目实施初期，我们走访了30户“老年漂”的服务对象，对其身体、生活及社会支持网络的情况进行摸底调研，并进行整理分析，得出以下数据。

（1）性别分析

男性占37%，女性占63%，女性居多，主要是“老年漂”群体中，90%是给子女带孩子，10%是投靠子女养老。多数家庭存在两代人抚养方式的矛盾，为家庭和谐埋下了隐患。根据这个情况，我们联合妇联开展“育儿经验”分享活动，帮助这部分“老年漂”群体学习新的育儿方法，减少与年轻人抚养方法的冲突。

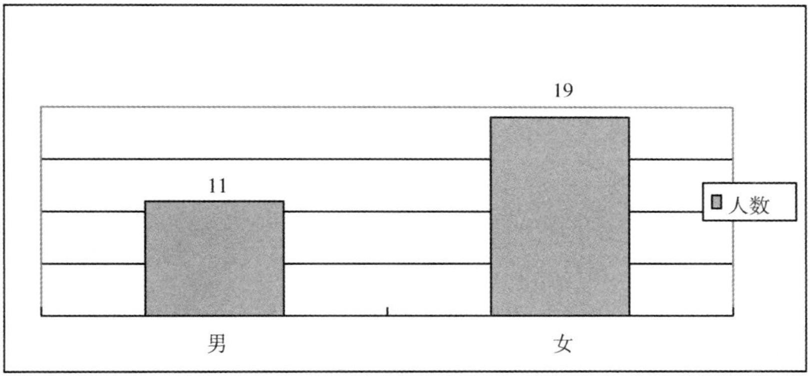

（2）年龄特征

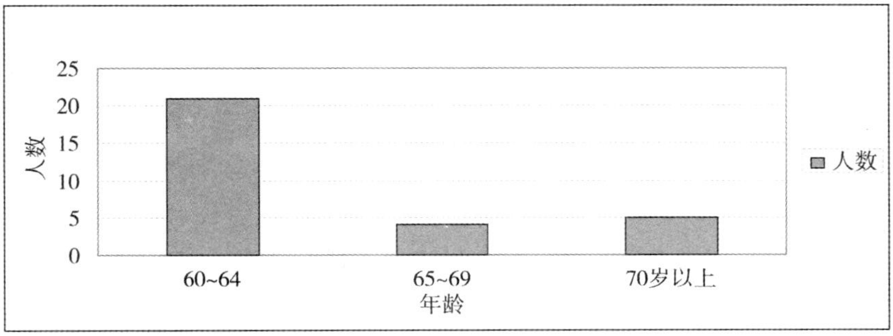

受访者中60～64岁的老人占2/3，以低龄老人为主，这个年龄阶段正好是第三代出生的高峰期。因此我们将“育儿活动”当成一个纽带，引导社区对“老年漂”群体进行间接支持。

（3）健康状况

调查显示，57%的“老年漂”群体身体较为健康，因为多数是要照料小孩，身体相对较好。43%的“老年漂”群体有一些疾病，主要集中在骨骼类疾病还有高血压、腰椎、气管炎等疾病。

身体情况	人数
健康	17
骨折	3
骨质增生	1
摔倒骨伤	1
脑供血不足	1
颈椎病	1
高血压	4
腰椎病	1
气管炎	1

医疗服务	人数	所占比例
有社会医保	12	40%
无社会医保	18	60%

同时发现40%受访对象享受社会医保服务，但在昆山市，医保也不能异地使用。也有部分是参加新型农村合作医疗，在昆山市难以享受到实惠的医疗服务，一旦生病，对子女的依赖较大。因此，我们组织医院医务志愿者开展便民义诊活动，以满足“老年漂”群体健康方面的需求。

（4）社交活动

接近一半的受访者不参加社会活动，发现阻碍“老年漂”群体参与社交活动的因素比较多，部分是因为不认识除子女外的其他人，部分是因照看孩子而没有时间参加，也有一部分是听不懂普通话而不愿意参加，等等。

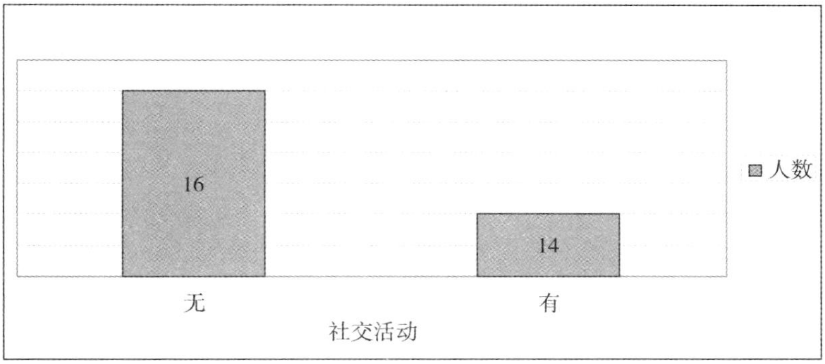

当然也有部分“老年漂”群体比较活跃，其中约47%的人参加社交活动，他们主要以社区跳舞、钓鱼、打麻将等形式来与他人交往。但目前社区无法满足老年人精神文化需求。因此我们项目计划，动员社区针对这部分群体开展一些兴趣小组，通过引导服务对象参加，并鼓励其成为“社区草根领袖”，以帮助“老年漂”群体成立兴趣小组，有更多的机会参与社交。

（5）社会支持网络

非子女对你的关心	人数
非常关心	0
比较关心	3
不确定	9
基本不关心	13
毫不关心	5

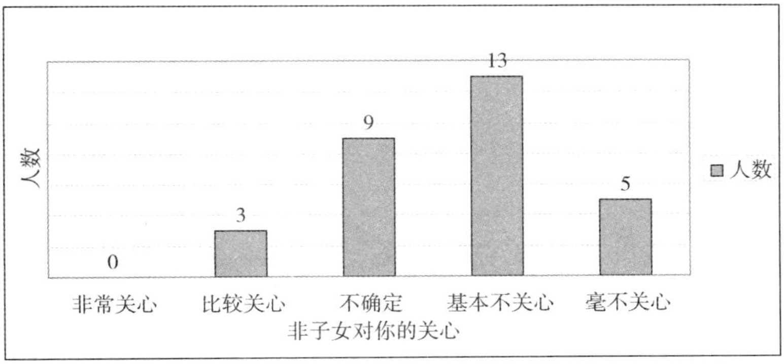

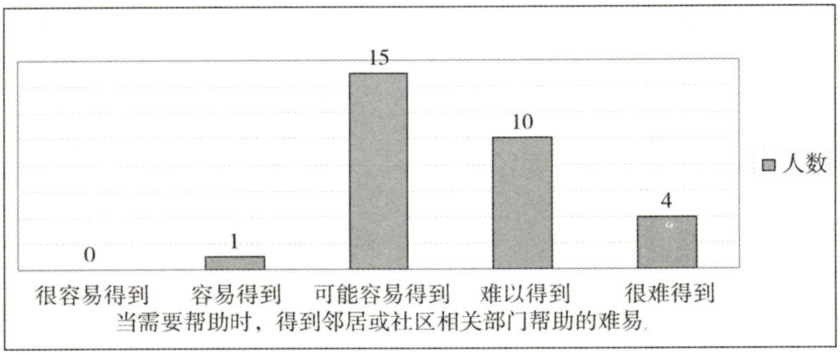

社会支持网络是“老年漂”群体适应异地生活的风向标。据调查显示，只有10%的受访者感受到来自于他人（非子女）的关心，这说明“老年漂”群体的社会支持网络较少，多数集中于子女。当需要帮助时，50%的老年人认为可能容易得到社区相关部门的帮助，这表明这部分群体非常渴望得到当地社区居委会的支持。

总之，通过本次调研，我们深入地了解了“老年漂”群体的特征。这不仅为我们后期设计服务内容提供数据支持，而且加深了我们项目组与“老年漂”群体的亲密感，为下一步开展活动奠定良好的群众基础。

三、服务计划

（一）服务目标

关注昆山市这座“移民”城市政策盲点，设计“新昆山市老爸老妈”项目，通过专业的社会工作理念，运用项目管理方法，整合社会资源。开展“老年漂”社区融入计划，使得服务对象能够更快更好地在昆山市安享晚年。其主要目的如下：

（1）增加“老年漂”群体的社区归属感。

（2）提升“老年漂”群体的生活幸福感。

（3）形成社区敬老爱老的和谐氛围。

（4）呼吁各职能部门制定帮扶政策。

（5）建立可持续可复制的介入方案。

名词释义

社区教育与学校教育、成人教育的比较

社区教育与传统的学校教育有明显的区别。从教育对象来说，学校教育主要是对青少年实施的教育；社区教育则不受年龄的限制，社区的所有居民，只要有需要，就可以接受教育。从教育目的上看，学校教育是为了促使青少年的社会化和个性发展，帮助他们打下扎实的基础，为今后就业和进一步学习做好准备；社区教育则主要是帮助社区居民适应职业转换，改善生活条件，以及满足他们的精神文化需求。

成人教育与社区教育的联系如下：

❖成人教育是社区教育的重点，社区教育是成人教育的增长点，许多内容是交叉共通的。

❖社区教育不限于成人教育，具有更为丰富的内涵，本质上属于地域范围的全民终身教育和学习活动。

成人教育与社区教育的区别如下：

❖对象不同。社区教育是全民，成人教育是成人。

❖内涵不同。社区教育主要是全民终身教育学习，成人教育主要是各类培训。

❖体系不同。社区教育是一体化教育，成人教育是一类对象教育。

❖组织基础不同。社区教育主要以社区为组织基础，成人教育主要以培训机构为基础。

（二）服务策略

“新昆山市老爸老妈”项目通过社区工作、小组活动、个案介入等方式，系统全面地为“老年漂”群体提供服务，通过以人为本的理念，帮助服务对象达到助人自助的目的。通过“认识、了解、融入、参与”四个步骤，以“社会工作者 + 义工”的服务模式，通过电话慰问、上门调研、个别访谈、满意度评估等形式进行服务。

扩展阅读

社区教育的策略

“通过社区教育求得社区发展”是 1995 年第七届国际社区教育大会的主题。会议认为，社区教育与社区发展是互动的，从发展态势看，目标的实现过程都是通过社区教育促进社区发展的。这是对社区教育作用的高度评价。但社区教育也不是万能的，社区教育的作用也是有限的。社区教育作为一项综合性的工作，在引起广大教育工作者关注的同时，也受到了各级领导的高度重视，它所承担的缓解社会矛盾，解决社会就业问题和社区精神文明建设等社会效益日渐明显。但在社区教育的实验中，也碰到了不少问题，值得探讨和改进。

❖ 全社会都要转变教育观念，树立终身教育观、大教育观和社区教育意识，这是实施社区教育的基本前提。

❖ 统筹规划安排，实现社区教育资源共享。

❖ 加强社区教育管理体系的建设。

❖ 处理好社区教育与市场经济的关系，调动社区单位和社区居民参与社区教育的积极性，这是开展社区教育的必要条件。

❖ 加强社区教育理论框架的建设。

❖ 加强社区教育法律制度的建设。

❖ 加强社区教育网络队伍的建设。

❖ 要充分利用现有的远程教育机构和现代化设施，在开展远程学历教育的同时与社区教育相结合。

总之，社区教育的目标是建设一个学习化的社区。而城市是由一个个社区组成的，没有学习化的社区就没有学习化的城市。

来源：蔡琦：“社区教育的内涵特征及发展策略”，《福建广播电视大学学报》，2009 年第 5 期。

（三）计划方案

“新昆山市老爸老妈”项目主要分四个步骤进行，分别是“认识、了解、参与、融入”。将服务对象与结对志愿者、项目社会工作有机结合成社区支持网络。项目中包含每周电话联系、420 次个案服务、1560 次志愿者结对关爱服务、3 次大型主题活动（内容涵盖育儿知识、健康体检、社区咨询、敬老院慰问）、建立两个兴趣小组、一次出游活动，感受昆山市城市文化。

四、服务实施

（一）认识板块

（1）通过问卷调研、走访等形式，了解社区需求，分析社区问题，调研社区内“老年漂”群体数量、构成、背景、需求等情况。通过社区调查和家庭访问了解到，这些老人绝大多数来到昆山市是为了照顾孙辈，缓解子女的生活压力。在生活上，老人们都与子女同住，而且生活的小区设施、家里环境很不错，子女都很孝顺，很少有矛盾。但是由于老人来自各地，存在着语言交流方面的障碍，因此平时的文体娱乐活动很少，大多都是买菜，做做家务，照顾孩子上下学，很少会到楼下与其他居民一起娱乐。将这些老人的情况进行分析并分类，然后初步选定服务对象范围。

（2）通过访谈选取30户社区“老年漂”家庭开展项目帮助，利用个案分析方法评估30户老人所处环境并进行介入，选取的老人有的家庭有些纠纷，有的需要增能，有的需要安抚情绪。

（3）成立一支由社区热心居民组成的“爸妈抱抱团”志愿者队伍，与社区“老年漂”群体开展“一对一”结对服务。“新昆山市老爸老妈”项目通过以“社会工作者＋义工”的工作模式，系统有效地进行活动。在活动一开始，事务所在张浦镇蓝波湾小区进行活动宣传，并进行了志愿者的招募，并进行志愿者申请表的填写，最终选择了5名热心志愿者参加此次项目。

（二）了解板块

（1）建立社区“新昆山市老爸老妈”热线，以“社会工作者＋义工”的工作模式，每天接待、解答“老年漂”群体的问题，争取各方面支持资源。从被动改为主动，每周一个电话慰问，让“老年漂”群体感受社区关爱。由5名义工组成“爸妈抱抱团”，每周都会进行“一对一”定期的走访、电话联系服务对象，时刻关注服务对象的身体、心情、精神、需求。每次走访联系都会记录在案，并归成档案。

（2）以5位“爸妈抱抱团”志愿者成员为支撑，与30户受助“老年漂”居民结对，建立邻里互动协助网络，鼓励他们积极参与活动，做到“有事没事多走动”，用志愿者的热心感染“老年漂”群体。在为期一年的活动中，一共开展了420次个案服务，为30户服务对象家庭全年提供了1560次志愿者结对关爱服务。

（三）融入板块

（1）社区每季度开展一次“老年漂”群体较受欢迎的主题活动，

如社会保险、医疗保险政策咨询、法律咨询、健康体检、心理慰藉等，为其提供专业化的优质服务。

（2）全年开展一次“新昆山市老爸老妈看昆山市”春游活动，与“爸妈抱抱团”志愿者结对，一起登亭林、品奥灶、游巴城，感受灵秀昆山市的美，激发对昆山市的爱。在2013年4月21日，来自昆山市张浦社区近30名“老年漂”一族和志愿者一起结伴畅游昆山市，感受城市风采，体验历史文化。“老年漂”一族一起游玩森林公园，参观气势恢宏的体育公园，驻足顾炎武纪念馆，回味悠久历史和文化底蕴，品尝百年“华夏第一面”——奥灶面。

（3）以社会工作者为核心，以“爸妈抱抱团”志愿者队伍为基础，整合社区群众文艺团队，以“一带一”的方式鼓励服务对象分别参加一个群众文娱团体，激发服务对象展现自我的欲望。在这一整年时间里，一共开展了4次大型主题活动：2012年8月2日，开展了张浦群众文化艺术节晚会；2012年9月25日，开展了“情系长者心，乐享漂生活”的主题活动；2013年1月26日，开展张浦迎新春文艺活动；2013年2月24日，开展了元宵节敬老活动。在活动期间还特地为这些“老年漂”举行了“重阳敬老日，发放重阳糕”的活动，使服务对象在异地也能感受到家的温暖。每个月事务所都会定期在社区开展“文娱结伴行”活动，在原本的志愿服务的同时，社会工作者提出鼓励“老年漂”群体多参加社区活动。5个结对关爱志愿者，用情、用心鼓励结对服务对象走出家门，融入社区，参加社区活动。

（四）参与板块

（1）举办“新昆山市老爸老妈”分享会，以座谈等方式交流项目一年来的成果。颁发“新昆山市老爸老妈”护照，享受优质社区资源服务。在项目中期，志愿者经过征询，在社会工作者资源筹集下，为张浦镇“老年漂”群体颁发了象征着新昆山市人的交通卡，方便老人们的出行，受助群体再也不会感觉低人一等。

（2）鼓励“新昆山市老爸老妈”加入“爸妈抱抱团”志愿者队伍，用自身成长经历为其他“老年漂”群体提供志愿服务，形成社区敬老爱老的和谐氛围，参与社区和谐建设。

知识链接

移民的社会融入过程

移民的社会融入是一个动态的双向过程，一方面，移民要不断调整自我，加快自我对新居住地的融入；另一方面，居住地原居民及其政府等组织要开放社会资源和制度，逐渐承认移民的当地身份，实现移民与原住民的平等化社会待遇。在关于移民研究中，社会融入概念与社会适应、社会融合等概念，常被替代或类似地使用，而严格区分起来，社会融入与其他概念仍具有很大的差别。社会适应概念更多的是从个体心理的角度出发，来描述移民对迁入地环境的熟识，在时间过程上发生在社会融入之间，是社会融入的前期准备阶段。而社会融合则与社会同化差不多，是对社会融入的一种结果描述，是发生在社会融入之后的阶段。当然，实现社会融合，是一种理想的社会融入结果，但是很多时候这种融合是很难出现的，产生的则是社会排斥和分隔的结果（如下图所示）。

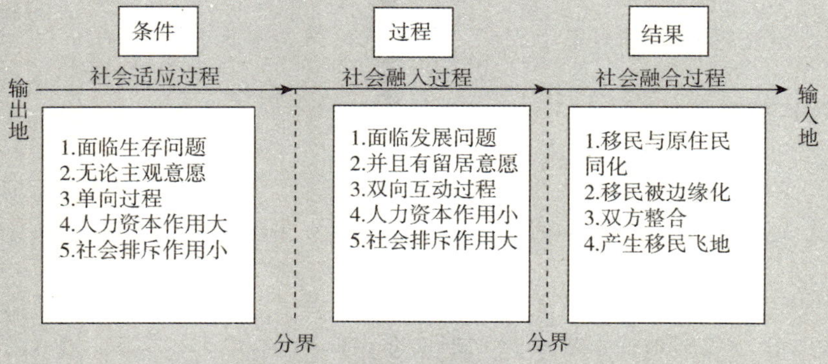

（3）对于获得良好反响的“新昆山市老爸老妈”，鼓励其发挥自身才艺融入社区，社会工作者负责建立社区网络，开展各类由“老年漂”倡导的兴趣班，提升其自我价值。在社会工作者和社区热心居民组成的“爸妈抱抱团”以及张浦镇政府等共同努力下，我们建立以“老年漂”群体为主的老年舞蹈兴趣增能小组，每个月都会固定开展10次自发性活动。

整期活动一共整合了9个部门的资源，逐步形成敬老、爱老的和谐社区氛围。调查活动的满意度，进行活动反思和总结。及时了解服务对象的需求，不断完善活动的计划方案。

五、总结评估

“新昆山市老爸老妈”项目是一项立足于社会发展，展望于老龄化社会下的“老年漂”群体。这个群体离开了生活大半辈子的家乡，跟随子女落脚陌生的城市。“新昆山市老爸老妈”项目针对昆山市“老年漂”群体，以张浦镇作为试点。此项活动不仅关注“老年漂”群体的生理发展，还特别注重其心理发展的需求。

（一）服务效果

此次项目一共举办了4次大型主题活动，每次都会吸引120多人的参与。成立的舞蹈兴趣小组不仅为“老年漂”群体丰富了业余生活，还吸引了本地居民的参与，帮助“老年漂”群体更快地融入了新的环境。在活动期间，社会工作者对服务对象进行城市归属感调查、幸福感指数调研，发现参加“新昆山市老爸老妈”项目的服务对象城市归属感幸福感指数明显提高。举办的育儿健康知识讲座帮助70%的老人正确教育孩子，此项活动得到服务对象一致好评，纷纷表现应该多一些类似的专业讲座。组织的大型出游活动，报名参加人数爆满。为期一年的“新昆山市老爸老妈”项目结束后，还有很多“老年漂”群体想加入这项活动之中。

（二）服务对象反馈

在活动期间，为这些“老年漂”群体建立了兴趣小组，通过活动初期的调查，将兴趣爱好相似的服务对象组织到一起。2012 年 11 月，首个“健康舞蹈兴趣小组”落地蓝波湾社区篮球场，每周固定两天进行舞蹈教学。服务对象毕阿姨向社会工作者表示：子女回家都和孙子玩，我也没啥朋友，不高兴一个人出去，现在有志愿者陪同，还认识这么多朋友，感到蛮开心的。原本这里的篮球场不开放，物业怕影响周边的居民，张浦社区为我们着想，志愿者又多方沟通，现在每周两天“雷打不动”要潇洒潇洒。很多服务对象也纷纷赞同毕阿姨的看法，他们都觉得舞蹈兴趣小组为他们原本单一的生活增添了色彩，他们通过舞蹈兴趣小组不仅锻炼了身体，更多的是结交了许多朋友。渐渐地，他们也能听懂本地话，也经常串门交流，真正地成为一名张浦人。在“健康讲座进社区、喜迎元旦体健康”主题活动中，来自张浦的妇幼保健院医生以育儿知识为内容，为社区“老年漂”群体带来一堂生动讲座。活动获得了服务对象的一致好评，纷纷表示在元旦前收获了一份意外的健康礼物。

2013 年 2 月，服务对象王叔叔激动地对社会工作者说，我很早就想办昆山市的乘车卡了。本来异地生活就不容易，自己也算是老年人，看到昆山市的老人乘车能免费，感到自己被隔绝，低人一等。在社会工作者的帮助下，我有了这张交通卡，我感到很开心。小小的一张交通卡，体现了昆山市城市包容、多元、融合的价值观取向，体现了生活在异地也能享受同城待遇，对“新昆山市老爸老妈”城市归属感的形成有着巨大的影响。

六、专业反思

（一）创新之处

“新昆山市老爸老妈”项目针对“老年漂”群体，帮助“老年漂”群体融入社区，提高自身的能力。再通过社会工作者与志愿者相链接、志愿者与服务对象结对，及时与社会工作者联系，客观系统地为服务对象进行服务帮助。“新昆山市老爸老妈”项目在张浦镇蓝波湾小区试行了一年，效果明显，成果显著，社会效益好，受助对象满意，不仅帮助“老年漂”群体更快地融入昆山市，而且提升了“老年漂”群体的生活质量，使得他们在昆山市也能安心地享受生活，安度晚年。

（二）呼吁关注

“老年漂”群体的出现是社会发展的结果。作为人口老龄化的国家之一，老年问题不容忽视，“老年漂”更加值得社会的关注。作为一名社会工作者，要尊重服务对象，以人为本，助人自助，帮助服务对象解决自己的问题，并帮助服务对象开发自己的潜能。更希望社会能对“老年漂”群体有更多的关注，政府能够为“老年漂”群体制定和完善相关的政策，帮助“老年漂”群体在他乡异地安度晚年。

（三）社会力量

在此次“新昆山市老爸老妈”项目中，昆山市民政局、昆山市老龄工作委员会、昆山市爱德社会组织培育中心、昆山市张浦镇政府、昆山市张浦镇社会事业发展局、昆山市张浦镇张浦社区都为此次项目作出了巨大的贡献。其中，热心志愿者更是为此项目的成功实施有着不可小觑的力量。希望日后政府能够加大对“老年漂”人群的重视，加强社会力量对“老年漂”群体的关注和照料。

（四）不足之处

由于“新昆山市老爸老妈”项目在江苏省属于首创，没有经验可以借鉴，但是我们能够通过自己的摸索创新和不断地完善，使得此项目能够顺利地运行并引起社会政府的关注，是值得肯定的。与此同时，此次项目也存在着一些不足之处。首先，因为资金的问题，我们的活动只进行了一年，活动持续资金没有得到保障，目前通过志愿者奉献维系服务；其次，我们的社会工作者和志愿者人数不是很多，地处乡镇，服务对象对社会工作认识度不高，志愿奉献氛围不浓，所以项目进度略显缓慢。

案例点评

“新昆山市老爸老妈项目”是寸草心社会工作事务所凭借多年为老服务经验，创新的为老服务理念，首次在昆山市这座“移民”城市关注“老年漂”群体，服务于外来人口长者。该项目以“慈孝”为切入点，通过社会工作理念，服务于外来长者，帮助他们尽快融入社区，拥有一个健康快乐的异地晚年生活，让晚辈安居乐业，感受灵秀昆山市海纳百川的城市情怀。

随着昆山市经济社会的快速发展，特别是外向型经济的发展，来昆山市发展和就业的外来人口不断增加。外来人口居留意愿不断增强，他们落户生子，为昆山市城市建设、社会发展作出了贡献。很多年轻“新昆山市人”父母双方都在职，无法顾及刚出生的学龄前婴儿的照料，往往会邀请老家的父母来昆山市帮忙照顾孙辈。“老年漂”群体社交圈子窄，不了解医保、社保等相关政策。这些老人有一大部分是农村来的，老人有时很难听懂昆山市本地方言。有部分老人表示很怀念自己的老家，在这儿感到很孤独。由于语言沟通、生活方式不同，来到陌生城市后他们会产生无所适从的问题。所有“老年漂”面临的最实际、最迫切的问题，便是如何融入子女家庭以及子女所在城市。

“新昆山市老爸老妈”项目采取的调查方法是社区走访、问卷调查、上门走访、电话访谈等形式，通过基线分析方式来观察服务对象变化。然后，确定项目的使命是以慈孝为本、以专业为体、以专注为心、以社工为用，开展社会服务，构建社会和谐，倡导公民社会。

在服务提供策略上，服务策略是：系统全面地为“老年漂”群体进行服务，通过以人为本的理念，帮助服务对象达到助人自助的目的。通过“认识、了解、融入、参与”四个步骤，以“社会工作者＋义工”的服务模式，通过电话慰问、上门调研、个别访谈、满意度评估等形式进行服务。具体来说，“新昆山市老爸老妈”项目的四个主要步骤分别是“认识、了解、参与、融入”。其中，在认识板块，了解昆山市外来老人需求，成立社区志愿者队伍，与外来老人结对子，开展“一对一”服务；在了解板块，开通社区“新昆山市老爸老妈”热线，以“社会工作者＋义工”的工作模式，每天接待、解答“老年漂”群体的问题，争取各方面支持资源，建立邻里互动协助网络，鼓励他们积极参与活动；在参与板块，每季度开展一次较受“老年漂”群体欢迎的主题活动，全年开展一次春游活动，通过活动关爱老人，服务老人。通过社会工作者的参与式带领和社区志愿者的投入，开展一系列丰富多彩的娱乐休闲活动，激发服务对象展现自我的欲望，吸引外来老年人参与社区活动；在融入板块，通过座谈会，发放代表本地化身份的交通卡，动员外来老年人参与志愿服务活动，最终实现助人自助，获取新昆山市人身份，融入社区生活，组建社区互助支持网络，形成和谐氛围。同时，该项目充分利用当地社区内的居民志愿者，将服务对象与志愿者“一对一”结对，让外来人口同本地居民有直接的沟通和互动，并大力发展外来居民来充当活动的志愿者，最终社会工作者搭建起一个丰富互动的社区支援网络，实现外来老年人的助人自助，使受助老年居民尽快融入社区、融入社会，拥有一个健康快乐的异地晚年生活。其中，有个比较创新的做法就是，结合外来老年人主要从事“带孩子”这一家庭生活和社会活动特点，开展喜闻乐见的活动，将“育儿活动”当成一个纽带，引导社区对“老年漂”进行间接支持。“育儿活动”动员社区针对这部分群体开展一些兴趣小组，通过本地社区热心居民引导鼓励受助对象参加，并鼓励其成为“社区草根领袖”，以帮助“老年漂”群体形成兴趣小组，有更多的机会参与社交。

总体上来看，本项目通过4次大型主题活动（每次都会吸引120多人的参与），开展了一系列日常性活动，取得了很好的效果，服务对象的城市归属感和幸福感指数明显改善，整体正能量增强，服务对象的助人自助能力得到提高，社区融入状况明显改善。“新昆山市老爸老妈”项目针对“老年漂”群体，帮助“老年漂”群体融入社区，提高自身的能力。通过社会工作者与志愿者相链接，志愿者与服务对象结对，并及时与社会工作者联系，系统地为服务对象提供帮助。这一项目引起了社会的广泛关注。

本项目的创新之处表现为，在社区工作中，紧贴社区实情和服务对象的特点，运用了多种工作方法和技巧，尤其是社会支持方法，促进了服务对象的助人自助，还促进了当地居民与服务对象的互助自治。在这一过程中，社会工作机构及社会工作者扮演着赋权增能的角色，通过社区支持网络，最终实现外来老年人的助人自助。

而不足之处表现在，对社会工作者在活动中的角色与服务边界缺乏明确界定与说明，这在一定程度上影响了服务对象的参与性。显然，外来老年人首先需要认清和界定自身所存在的问题与需求，这是实现他们助人自助的最重要的前提。此外，社会工作者相对忽视了对当地活动领袖的培训，进而赋予活动以可持续性。

用生命影响生命

——“5·12”灾后自助项目报告

广东省深圳市盐田社工服务中心　陈世雯

2008年汶川大地震后，中国的社会工作从象牙塔和书斋走向灾后重建和社区服务的第一线，社工站和社区服务中心在灾区遍地开花，在中国社会工作的职业化、专业化和本土化方面进行了有益的尝试。社会工作者就如一只萤火虫，虽然小，但是聚集在一起，就能发光发亮、照亮人生。社会工作者正是本着这一理念，希望通过聚集身边人，聚集周围的资源，协助灾区人民实现自助生产。

一、背景介绍

“5·12”汶川特大地震发生后，救灾工作迅速展开，救灾项目主要是开展灾区重建工作，为受灾群众提供住房、基础设施重建等工程。但是经过攀枝花社区发展研究中心NGO备灾中心的驻点工作和访谈调查，发现本次灾害严重的四川绵竹市汉旺镇、什邡市洛水镇、北川县贵溪乡的受灾群众生活非常空虚，对未来生活失去信心，没有明确的计划，主要是担心政府补贴结束后的持续生计问题。

作为社会服务机构，盐田社工服务中心希望通过和当地的草根组织相配合，开展义卖灾区妇女刺绣产品和认领家禽活动的支援灾区受灾群众自助自产的项目，促使受灾群众能够在不出户的情况下也能通过自身的劳动获得收入，以解决持续生计问题。

（一）义卖灾区妇女刺绣产品项目

由当地草根组织NGO备灾中心为妇女提供十字绣技能培训的过程中，她们认真学习技术，所绣的产品种类多样，有卡通系列的十字绣，也有富有中国传统特色的年画绣。NGO备灾中心主要是为受灾群众提供技能培训，然后我们还需要做好产品销售工作，才能更好地协助受灾群众实现自救自产。因而盐田社工服务中心准备通过调动各方面的资源为灾区的妇女刺绣产品进行义卖活动。通过义卖活动实现产品的销售，也使更多的市民关注受灾群众，为灾区的重建工作献一份力。

（二）认领家禽项目

NGO备灾中心与社区领袖、居民、当地政府共同商议，最终社区希望开展生态养殖，来增加家庭收入，以应对政府补贴结束后的生活压力。本项目将为受灾群众提供养殖启动资金，重建养殖场地。

现在项目已经得到亚洲以及美国朋友Sandy的捐赠约82万元（人民币），正在绵竹市汉旺镇开展项目，但是其他地区的资金缺口依然很大。

盐田社工服务中心则希望能够调动区内的企业、市民的资源，为其他地区筹集项目资金，为更多地区的受灾群众提供养殖基金，让受灾群众开展生产自救，解决生计问题。

知识链接

社区营造

“社区营造”是针对不同种类的社区议题而行动，日本的宫崎清教授主张将这些议题区分为“人”“文”“地”“产”“景”五大类。“人”指的是社区居民需求的满足、人际关系的经营和生活福祉之创造；“文”指的是社区共同历史文化之延续、文艺活动之经营以及终身学习等；“地”指的是地理环境的保护与特色发扬、在地性的延续；“产”指的是在地产业与经济活动的集体经营、地产的创发与行销等；“景”指的是“社区公共空间”之营造、生活环境的永续经营、独特景观的创造、居民自力营造等。

二、项目活动分析

（一）当地受灾群众情况

经过攀枝花社区发展研究中心 NGO 备灾中心的驻点工作和访谈调查，发现目前当地受灾群众生活非常空虚，对未来生活失去信心，没有明确的计划，主要担心政府补贴结束后的持续生计问题。

而由于灾区的就业问题也存在多种表现形式，针对年龄偏大群体的就业岗位缺失，通过对灾区群众的深入探访发现，招工单位普遍要求就业人员年龄在 20～40 岁之间。另外，在住房问题没有解决的情况下，部分劳动力也不愿意外出务工。调查结果显示，在选择工作时，离家的远近和工作报酬的高低是两个最主要的考虑因素，其中主要考虑离家远近的超过了半数。城镇地区的受损住房补偿政策尚未出台，农村居民建房资金普遍存在缺口，期待政府的相关救助措施。在这种情况下，部分青壮年劳动力不愿外出务工，特别是去离家较远地区务工，在一定程度上也影响了劳务输出量和就业比例。因而灾区的居民们对持续性的生计问题就更加担忧。

（二）当地受灾群众需求

根据攀枝花社区发展研究中心 NGO 备灾中心的调查结果显示，高达 78.6% 的受灾群众希望接受相关的技能培训或就业帮扶，其中超过 60% 的受访者表示希望接受农业技术、刺绣等手工技术和其他实用技术等方面的培训，有近 40% 的受访者表示希望得到就业和劳务方面的指导。解决就业问题，主要通过创造就业岗位，就业能力再塑造和适应问题，后者对于受灾群众就业尤为重要。因此开展有针对性的就业技能培训成为当务之急。

（三）项目多方合作

该次活动主要由盐田社工服务中心（以下简称“机构”）、四川NGO备灾中心、区捐助接收工作站、周大福珠宝金行有限公司合作。

由于机构处于深圳，难以了解四川灾区的重建情况，未能很好地了解当地居民重建的需求。但是NGO备灾中心是当地一个比较活跃的草根组织，了解当地情况，也为当地受灾群众开展了不少切实所需的项目。因而机构希望能够调动深圳的资源和四川的NGO备灾中心相互配合，开展一些能够促进自助的项目活动，让当地的受灾群众能够进行自救、自产、自助。

该项目涉及需要动员企业、市民的募捐义卖，因而机构也联合区捐助接收工作站开展该活动。通过捐助接收工作站的监督管理，促使义卖募捐活动更加顺利地进行。

而企业的参与，则是企业社会责任的体现。机构调动区内的企业积极参与公益活动，促使企业更好地回馈社会。

（四）社会工作理念

（1）机构作为资源整合者，调动所在区的企业、市民的资源为四川灾区受灾群众的持续性生产出一份力。通过义卖受灾群众的刺绣品和认领家禽的活动，受灾群众通过劳动实现增加收入，从而协助受灾群众解决持续性生计的问题，达到助人自助的理念。

（2）“社工＋义工”联动。通过社会工作者的专业培训，带动企业的义工参与公益行动。丰富企业员工的业余生活，促进员工间的沟通，增强团队凝聚力，从而形成一个上下齐心、协作互助的团队，进而促进企业员工队伍团队的建设。

扩展阅读

灾害管理的四个阶段 SWOT分析

灾害管理就是科学组织和协调不同部门的涉灾工作，包含规划、计划实施、预警、紧急应变、救助等措施，以减少或降低自然灾害或人为灾害对于社会所造成的影响及冲击。灾害管理的目的在于通过各种措施，来预防、减轻灾害所带来的社会经济损失和人员伤亡，为灾后可持续发展提供行动保障。

目前，比较流行的灾害管理阶段划分是减灾、准备、应灾或救灾、复原重建四个阶段。这四个灾害管理阶段前后继承，环环相扣，囊括了灾害产生、发展、爆发、潜存的各个阶段，并规划了每一阶段的主要工作内容，共同组成了一个灾害管理循环圈（如下图所示）。

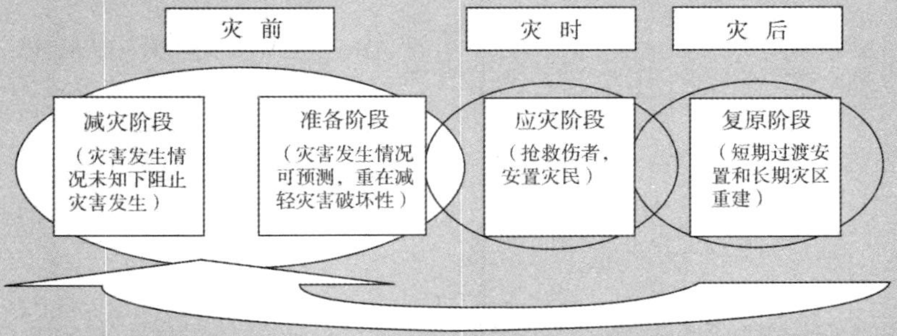

灾害管理循环圈

社会工作面对灾害时，有着广阔的实践空间。从灾害理论的角度看，灾害管理分为以下四个阶段：

❖备灾阶段。社会工作者可以组织开展备灾宣传与倡导活动，动员家庭、社区自备救灾物品，以防不测。

❖减灾阶段。社会工作者可以协调资源，针对洪灾编制减少洪灾、环境保护宣传资料，在社区开展环境保护宣传活动，开发相关培训教材，组织开展培训活动，引导社区居民学习减少洪灾与环境保护方面的知识。

❖ 救灾阶段。社会工作者可以与基层政府协作，收集受灾信息，尤其关注困难群体的受灾信息，并及时向政府相关部门报告受灾群众受影响情况及特别需求信息。

❖ 重建阶段。社会工作者可以运用社会工作专业知识，运用参与式方法组织开展灾后重建需求调查，了解受灾群众在恢复重建中的实际需求，撰写需求调查报告，通过不同渠道向政府反映，争取政府的社会福利性救助资金以及非政府组织的资源向困难人群倾斜。

在应对灾害的过程中，社会工作者要特别注意志愿者队伍的建设与管理，这样不仅可以提高工作效率，扩大影响，更重要的是为社区储备人力资源，达到可持续发展。社会工作者应总结灾害管理过程中的一些经验和不足，形成有针对性的意见、建议或经验，促进完善相关政策，为灾区人民谋福利。

根据杨晖："社会工作在灾害管理的四个环节"，《社会工作月刊》，2010年第15期．等资料整理获得。

三、服务计划

（一）服务目标

1. 总目标

总目标是调动深圳市的企业、社区、市民的资源，协助灾区的受灾群众重建家园，配合受灾群众的自救自产的项目。

2. 具体目标

（1）通过义卖、活动的形式，协助受灾群众实现刺绣的产品销售，以增加受灾群众的收益，解决受灾群众的持续生计问题。

（2）通过刺绣的培训活动，为受灾群众提供技能，达到“造血”功能。

（3）整合企业、社区等社会资源，协助灾区受灾群众进行重建工作。

（4）增强市民、企业员工的社会责任感的意识，促进社会和谐发展。

（5）促使企业履行社会责任，回馈社会。

（二）服务计划程序

根据以上的目标，社会工作者将项目活动的开展计划分为以下几步：

1. 前期寻找合作方的工作

主要是根据项目的情况，寻找区内的有社会责任感的企业参与活动，寻找捐助接收工作站，邀请其参与监督管理工作。

2. 前期合作方的联系商谈工作

主要和四川草根组织、捐助接收工作站、周大福珠宝金行有限公司商谈活动的工作。

3. 前期宣传工作

通过媒体、宣传海报、单张进行活动前期的宣传。

4. 前期企业义工的培训

活动前给企业义工开展当天活动义卖、认领家禽项目介绍、如何开展宣传工作等培训，提高义工沟通的技巧。

5. 活动当天物资准备

义卖刺绣品的分配、展示，人员分工安排等。

6. 活动当天启动仪式

主要在三个义卖点中的主会场进行简单而隆重的启动仪式。同时在三个义卖点进行义卖。

7. 活动结束后的资料统计整理工作

主要整理认领家禽的市民联系方式，用于日后的回馈。统计义卖款项和认领家禽款项。

8. 活动后社会工作者和义工的分享评估

主要评估该次活动的不足，以提供日后活动的经验。

9. 跟进工作

主要是该项目的持续性跟进工作。四川 NGO 机构对认领家禽活动的跟进。

四、服务计划实施过程

在这个项目开展中，社会工作者主要通过前期的联系商谈工作、前期义工培训、当天活动筹备工作、当天义卖募捐活动、活动后资料数据统计工作、活动后社会工作者义工评估分享会、后期跟进工作等进行。

两天的义卖、认领家禽的活动，共筹集到 21848.5 元。当中义卖品卖出 184 件，6815 元，认领家禽款项共 15033.5 元。

（一）前期的联系商谈工作

社会工作者在前期的工作中主要作为资源整合者，发挥联系区内资源，调动各相关部门参与活动。社会工作者在前期有一个初步的想法，希望在地震一周年之际，继续关注灾区受灾群众的生活问题。而大多数相关部门关注更多的是灾区重建，社会工作者更为关注的是受灾群众的持续性生计问题，更关注的是人。

正是社会工作者关注“人”的理念，使得社会工作者寻找适合开展的项目。而由于社会工作者所在的机构在深圳，难以切实了解受灾群众的需求，因而社会工作者发挥周围的资源，联系四川草根组织。通过对方了解受灾群众的需求，并和对方共同开展自助项目。

因而在前期工作中，社会工作者不但要与四川草根组织联系洽谈项目的情况，也要和所在区的具有社会责任的企业洽谈合作，动员企业参与公益行动中。而在和周大福珠宝金行有限公司洽谈工作中，社会工作者主要从企业的角度出发，让企业能够看到该公益活动不但对受灾群众有贡献，也能够丰富企业员工的业余生活，促进企业的发展，同时还能够体现企业的社会责任感。

为了促使活动中市民能够捐赠和义买得更放心，社会工作者也邀请了区内的社会捐助接收工作站参与监督管理款项的工作。当中社会工作者需要了解募捐的程序，款项监管程序以及后期款项转账给四川当地机构的程序等。

（二）前期义工培训

由于这次活动是采取“社工＋义工”联动的模式，而作为社会工作者的能力及资源也是有限的，所以需要动员义工积极参与活动。但是在活动前，需要对企业义工进行相关培训，让企业义工了解整个项目，了解当天活动的情况，掌握如何与人沟通的技巧。只有这样，才能够更好地让企业义工动员周围市民参与义卖认领家禽活动。

社会工作者主要是在活动前两天到周大福珠宝金行有限公司对企业的约200名义工进行了两期的培训，培训内容主要是项目活动的介绍、沟通技巧、义工的分工安排、注意事项等。

（三）当天活动筹备工作

活动当天筹备工作主要包括活动前企业、媒体的邀请；活动当天主会场开幕仪式嘉宾邀请；活动当天刺绣品的分配、展示；认领家禽卡片的制作；登记表的制作；当天所需要的物资，拱门、海报、易拉架、宣传单张等宣传资料的准备；当天各义卖点工作人员安排，等等。

在整个活动的筹备工作中，社会工作者和团队的成员们进行了清晰的分工，根据成员的各自优势负责不同的工作内容，通过团队的力量完成该活动。该过程中，社会工作者虽然所做的工作主要是一些筹备的工作，但是也发掘出了社会工作者自身的潜能，充分地调动各团队成员的力量，协助活动的开展。

（四）当天义卖募捐活动

当天活动主要分布在三个人流量大的义卖点：新一佳超市广场、佳华超市广场、大梅沙广场。

当天每个义卖点主要由三名社会工作者负责。每个义卖点一名总统筹者，负责该点的社会工作者、义工的工作安排。负责监管义卖刺绣品的情况，清点义卖刺绣品数量。每天中午 12 点和企业代表、捐助站代表共同清点捐助款项，清点后将款项给捐助站代表存入银行。负责回收物资，清点刺绣品数量，负责义工做登记捐助者的联系方式工作；一位社会工作者负责认领家禽活动的登记工作（尤其要登记邮箱地址），并跟进义工开收据给捐助者，看管捐助箱，以确保款项的投入；另一位社会工作者，主要负责周边的宣传工作，和宣传义工一起进行活动宣传。

（五）活动资料统计整理工作

活动之后主要将义卖募捐款项进行统计，也将活动之后的认领家禽的市民的联系方式进行统计，以方便日后的家禽生长情况回馈信息的工作开展。

（六）社会工作者义工分享评估

在活动结束后，社会工作者进行社会工作团队成员的检讨评估会。主要从活动的前期准备工作、活动的筹备工作、活动当天的情况等方面进行检讨评估。检讨其中社会工作者所做的不足之处，活动中所存在的问题等。通过检讨评估，能够让社会工作者更好地认识到活动的问题和不足，为以后的活动提供借鉴经验。

活动结束后，社会工作者组织了部分义工进行分享会，和义工一起检讨活动中的不足，一方面可以令社会工作者对活动有所反思，也可以为社会工作者以后组织开展活动提供良好的经验。另一方面也为义工以后自行组织义工活动提供借鉴经验。从而促使义工全面考虑活动的各种因素，避免未来活动中再犯类似的错误。

通过义工分享会，给义工以后自行组织活动提供活动结束后以分享会的形式对活动检讨的模式，通过模式形成系统化管理方法。

义工分享会可以促进同辈分享和吸取经验。通过分享会让义工感受到同辈群体分享的重要性，运用同辈群体的力量互相影响，为形成互助自助组织奠定基础。

（七）后期跟进工作

做任何活动都需要有始有终，所以在活动结束后需要进行后期的跟进工作。后期工作主要是跟进市民认领家禽的情况，并及时跟进家禽生长情况。

五、评估

评估是对所提供的服务的有效性进行评定，可以让社会工作者积累经验，作为以后工作的借鉴。

（一）计划目标实现程度评估

根据计划的目标和当天活动的总体执行情况，可以看到五个具体的计划目标得到实现。促使受灾群众实现自绣的产品销售，以增加受灾群众的收益，解决受灾群众的持续生计问题，达到造血功能。而对机构所服务的盐田区，达到调动区内的企业参与社会公益活动，体现社会责任感，达到回馈社会促进社会和谐发展的目标。

（二）服务介入工作的资源评估

整个项目活动中，社会工作者善于利用企业资源，获得新一佳、佳华、大梅沙场地提供，周大福珠宝金行有限公司的资金和人力支持，四川 NGO 备灾中心的宣传单张提供等资源。

在这个活动过程中，机构调动了约 10 名社会工作者协助该项目活动。在人力资源需求较多时，社会工作者可以多动员义工参与活动前期和过程中的筹备工作，以节省人力资源。

（三）活动的影响性评估

活动是通过义卖和认领家禽的方式去唤起企业和市民关注灾区受灾群众的爱心。活动当天虽然只是在盐田区三个人流较多的点进行，但是每个点的宣传效果和覆盖人群面还是比较好的。通过义工协助宣传，每个点都能够聚集一部分市民了解活动情况。尤其是吸引了不少小朋友，父母们通过活动引导小朋友，教育小朋友要怀有一颗关心他人的心。

（四）活动中安全性评估

这次活动当中，社会工作者对安全性有所考虑，在对义工培训和社会工作者分工安排中，提醒参与者注意安全、防晒防暑等。但是社会工作者对安全性的考虑不够全面，从而导致活动中一名 10 岁的小义工发生摔伤的意外。通过事件令社会工作者和义工增强了安全的意识。即使作为义工，在奉献的过程中也需要量力而行。在以后户外活动的设计中需要全面考虑安全性和预防措施。

六、专业反思

（一）作为社会工作者需要善用资源

“人在情境中”，每个人都生活在不同的情境中，不同的系统中。所以社会工作者需要清晰地分析所处的系统，调动系统中各种资源去实现预期的目标。

而社会工作者在运用资源的时候，需要面对不同的部门、企业、政府部门、市民等。这需要社会工作者掌握每个部门甚至是每个个人的不同特点，运用同理心，从对方的角度出发，才能更好地和对方合作，运用资源。

（二）团队的重要性

社会工作者不同于心理咨询者，社会工作者更加注重的是运用团队的力量去实现目标，达到效果。经过这次项目活动，使社会工作者深刻地体会到团队力量的重要性。只有团队互相协作，才能更容易、更快地完成活动。

（三）注重过程，注重效用

作为社会工作者，需要关注“人”，需要关注过程和效用。社会工作者在活动中，不但要关注我们的服务对象的需求，也要关注周围工作者和合作对象的需求。同时社会工作者所开展的服务，更多的是关注过程中每个人的不同成长，关注的是服务的效用。只有社会工作者所开展的服务是满足人的需求和有效用的，才能更好地实现目标。

案例点评

我国幅员辽阔，地质环境复杂，地域气候与季节差异大，人口众多，环境和生存压力大，各种灾害频发。而严重灾害的发生往往造成大量人口的死亡，给经济社会带来巨大的破坏，威胁到社会稳定和健康发展。灾害社会工作以社会工作专业知识和志愿精神引导，关注在灾害发生后紧急救灾和灾后重建过程中受灾群众的主要社会和心理问题。对于灾害社会工作，一些国家和地区具有丰富的理论和实践经验。而我国是一个各种自然灾害频发的国家，当灾害发生后，传统的国家主导的灾害救助体系存在很多问题和资源浪费。在这种情况下，发展灾害社会工作，推进减灾救灾和灾后社会重建具有重要意义。社会工作对于改善政府社会管理、促进公共服务供给、缓减弱者不良体验、促进社会和谐和社会建设等具有重要的社会意义和文化意义。社会工作干预灾害，往往以社区为平台，在社区范围内开展赈灾救灾工作，并在灾后参与社区重建过程。这就使得社区社会工作在应对自然灾害的过程中及其后的恢复重建中发挥了重要作用。

灾害社会工作就是依据社会工作的专业精神与伦理价值，利用社会工作的专有工作技术和方法，参与到灾害全过程的救灾工作。它既是一项专业技术，也是一门社会工作分支领域。通过参与到灾害发生前的减灾和备灾过程，灾害发生后的紧急救灾和援助，以及复原和重建工作中，灾害社会工作的专业价值得到实践体现。因此，专业性是区别灾害社会工作与一般民政救灾工作的主要标准。

在地震灾区，社会工作的内容概括起来说，就是救助和发展两个方面。这是由灾害带来的破坏性影响与灾后恢复和重建的实际情况决定的。首先，地震突然发生后，房屋倒塌，粮食和饮用水短缺，卫生恶化。灾害受害者，无论贫富强弱都陷入到异常严重的无助境地，遭遇生存危机。在这种情况下，外部紧急性的赈灾救助，对于受害者的生存具有重要意义。灾害发生时的救灾和赈灾工作内容主要包括获取受灾群众的各种生活需求，并联系相关赈灾资源以满足其需求；对幸存者进行紧急心理干预，安抚受灾群众情绪，促进受灾群众树立临时再适应信心；协调和监督救灾物资的发放和分配；增强社区团结，组织受灾群众展开自救活动。这一阶段以个案工作和小组工作及社会工作行政管理为主要方法。其次，在地震发生一段时间后，紧急性的救灾援助告一段落，灾区社会恢复和重建便提到议事日程。在这一阶段，以重建为契机，解决灾害带来的遗留问题，比如灾害孤儿、学校消失、心理创伤、生活适应、关系紧张等，促进灾区社会发展，改善和提高受害者生活质量。灾后的重建工作内容主要包括培养和恢复社区团结和秩序，尤其要重视发现和培养社区领导者；重建受灾家庭的结构与功能；参与社区发展规划，加快社区重建。其中，对于灾后新建社区而言，重建社区的重点在于协助陌生的新住社区居民产生认同感，使他们在这个新的社区中形成社会关系和支持网络，发挥社区的共同体支持功能，从而实现社区从散乱到整合，形成一种新的社区风貌。而对于原有社区重建，重点则在于促成或加强居民的社区共识，让居民对自己的房屋、社区、公共空间等的需要和想法，先进行讨论，整合社区的重建计划，凝聚社区意识，并配合外界力量加速重建。这一阶段以社区社会工作为主要方法。

本案例关注的正是灾后社区经济与生计的恢复与重建问题。

案例中的社工服务机构（盐田社工服务中心）通过开展义卖灾区妇女刺绣产品项目和认领家禽项目等活动，调动区内的企业、市民的资源，为其他地区筹集项目资金，为更多地区的受灾群众提供养殖基金，让受灾群众开展生产自救，解决生计和就业问题，满足灾区居民需求，促进灾区经济恢复与社会重建。不过，该活动的开展地点并不在四川地震灾区，而是在深圳。机构通过组织关系，联络到灾区的NGO备灾中心和深圳当地的企业组织，一方面，由灾区NGO备灾中心负责灾区义卖资源筹集，另一方面，由深圳当地企业召集企业员工承担义卖活动的志愿者（“义工”）。在机构及其社会工作者的组织带领下开展活动，为灾区筹集发展资金。本项目虽然在深圳而非四川灾区开展，但实质上调动深圳的资源和四川的NGO相互配合，开展一些当地受灾群众切实所需的项目。通过义卖活动及其评估，比较好地完成了为灾区募集发展资金的目标。

本案例中，机构作为资源整合者，调动所在区的企业、市民资源为四川灾区人民的持续性生产提供一份支持。通过义卖受灾群众的刺绣品和认领家禽的活动，帮助他们通过劳动增加收入，从而协助受灾群众解决持续性生计的问题，达到助人自助的目标。同时，“社工+义工”联动，通过社会工作者的专业培训，带动企业的义工参与公益行动。这不仅丰富了企业员工的业余生活，促进员工间的沟通，还增强了团队凝聚力，从而促进企业团队建设。最终，通过义卖活动的形式协助受灾群众实现刺绣的产品销售，以增加受灾群众的收益，解决受灾群众的持续生计问题；通过刺绣的培训活动，为受灾群众提供技能，发挥“造血”功能；整合企业、社区等社会资源，协助灾区人民开展重建工作。

在活动过程设计上，主要包括以下几个环节：社会工作者前期的联系商谈、前期义工培训、当天活动筹备、当天义卖募捐活动、活动后资料数据统计、活动后社会工作者义工评估分享会、后期跟进工作等。

从社会工作者角色扮演来看，本案例中，机构及其社会工作者扮演的角色有以下两种。

一是代理人和协调者。秉持社会工作的专业精神与伦理价值，社会工作者坚持助人自助和自发发展能力的原则和信念，代表受灾服务对象的权益，为改善服务对象的暂时不足状态而投入灾害社会工作救助和重建工作中。在这种情况下，社会工作者及其机构扮演的一个重要角色就是受灾服务对象的权益代言人，一方面，从社会工作和内容出发，对受灾服务对象和社区进行援助和干预，确保受灾服务对象的权益；另一方面，主动向有关组织与机构反映和争取服务对象应该获得的适当权益。而在整个过程中，社会工作者始终以服务对象的权益改善和提升作为行动的出发点。同时，社会工作者及其机构还在赈灾资源提供者与需求者之间发挥了联络和协调的功能。在灾害发生后，各方行动者都存在信息不完全的缺陷。科层制政府和市场法人组织实体在供应赈灾物资时，存在难以有效分配赈灾物资的问题。而社会工作者则具有了解和洞悉受灾服务对象需要和问题的比较优势，可以在赈灾组织与受灾群众之间起到联络和沟通的作用。一方面，可以保证赈灾物资和服务被送到真正需要的受灾群众手中，避免资源重叠和浪费；另一方面，可以确保真正需要财物和服务的受灾群众获得切实帮助。

二是社区发展指导者。社区发展是灾后恢复和重建的主要内容。社会工作者在其中要凭借自己的专业知识和机构资源，一方面为社区发展争取更多的外部资源，弥补因灾害破坏所造成的社区资源损失问题；另一方面，社会工作者通过资源引入后，将其与社区的比较优势结合起来，协助和指导社区居民做出有利于本社区福利改善的社区发展策略。

本案例最大的成功在于针对地震灾区的社区重建而在异地开展了支持活动。本活动的重点在于为灾区恢复与重建指出了问题症结，分析了灾区居民需求，倡导社区生产恢复与就业干预整合进行，利用灾区优势资源（刺绣手工艺品等）发挥生产自救，实现生计恢复，增强灾区居民的重建信心。

社会工作与新农村建设的有益结合

——城市周边农村社会工作服务探索

福建省民政厅社工办　徐若兰
福州市海风社会工作服务中心　张长隆

根据中共中央办公厅、国务院办公厅《关于深入推进农村社区建设试点工作的指导意见》的要求，福建省民政厅决定,在部分地市选择农村社区开展第一批农村社会工作试点工作，通过试点总结评估,发挥引领示范作用,逐步向其他地区发展辐射。根据社会工作发展基础条件好、农村党支部和村民委员会对社会工作和引入社会工作服务的需求紧迫性等因素，福州市闽侯县青口镇付竹村被选为第一批四个农村社会工作试点之一,成为福州市城市周边农村社会工作服务的标兵，是我国新农村建设的典范。

一、社会工作服务介入方案

（一）项目背景

付竹村位于东南汽车城和“戴·克”汽车项目所在地，与福建省其他大城市周边的农村地区一样，当地也存在城市化进程中的问题，具有典型性。这个村既有青壮年外出经商、务工，产生的隔代教育的儿童问题与空巢老人的问题，也有外来务工人员子女的教育、生活融入、社区认同等问题；还有村民与企业的矛盾与冲突问题；更有农村地区受工业文化冲击，传统文化式微、乡村文化逐渐消亡而引起的问题，比如农村优良传统文化保留问题，村民不讲卫生、对公共利益的重视程度不够等传统农村生活的问题，城市化加速后人情淡漠、疏离等问题。因此，此类农村地区需要加强社会治理、推进社区营造。

知识链接

新农村建设的提出

党的十六届五中全会通过的《中共中央关于制定国民经济和社会发展第十一个五年规划的建议》，明确了我国经济社会发展的奋斗目标和行动纲领，提出了建设社会主义新农村的重大历史任务，为做好“三农”工作指明了方向。2006 年，《中共中央、国务院关于推进社会主义新农村建设的若干意见》（中发［2006］1 号）出台，强力推进社会主义新农村建设。

（二）项目目标与内容

1. 总目标

以社区社会工作方法，解决城镇化过程中产生的农村困难群体与外来人口的心理调适、能力提升、社会支持等方面的问题；以社区社会工作的方法，解决城镇化进程中农村传统文化式微、生态环境保护意识不强、城市化进程加速而生活方式、价值理念等跟不上变化等问题；通过项目的探索与示范，培育农村基层工作者的社会服务意识与能力，创新农村社会治理新方法，促进新农村建设。

2. 具体目标

（1）通过建立并运作农村社会工作服务中心，培养农村社会工作服务人才、推动农村社会服务水平的提高。

（2）通过社区营造的手段进行农村文化建设和环境保护意识建设，提升农村社区居民的环保意识、文化生活能力，培育农村居民现代生活观念与生活方式，推动城市周边农村的美丽乡村建设。

（3）通过社会支持网络的建构为农村老人提供生活照料、精神满足、自我效能感提升等服务，提升老人的生活质量。

（4）通过社区倡导、心理辅导、社区生活参与等服务，满足儿童与青少年的情感需求，增强儿童的自我防范意识、提升青少年的成长动能、提升流动未成年人口的社会融入水平。

（5）通过社区女性文化、能力提升与互动小组活动，减轻城市化进程中中老年妇女的心理压力，提高农村妇女的身心健康与安全防范意识，丰富农村中老年妇女的精神生活，提升农村女性的生活质量。

（6）通过推进企业与村民的互动，促进在地企业融入当地生活，推进企业与居民的共荣与互融。

3. 项目期限

2015 年 8 月到 2016 年 8 月，为期一年（服务延续 3 年）。

4. 项目内容

主要以城市化进程中大城市周边农村的困难群体、农村社区、外来人口等为服务对象，主要服务包括：

（1）农村社会服务机构与人才培育：付竹村农村社会工作服务站建设；农村社会服务示范与记录；农村基层工作机构社会工作知识培训。

（2）农村社区环境建设：文明新风尚——社区卫生知识宣传、倡导服务；垃圾不落地——整合社区资源，发动村民对农村环境改善的参与；环保急先锋——社区环境保护领袖的发掘与培育。

（3）农村社区文化营造：“古韵付竹，文化久长”：利用现有设施，引入社会资源，协助村民主动参与建设农村社区文化走廊；“保持先进，筑梦中国”：发掘与利用妇联、文明委等现有各类评选项目，发现与培育农村精神文明建设先进家庭；“俏丽古村，幸福广场”：农村广场舞、山歌传唱、露天电影院活动，丰富村内文化生活；“悠长史卷，灿烂文明”：村史文化整理，倡导村民认识村史，组织儿童听老人讲村史，为村编写重大事件表。

（4）农村老年人服务：“我的新意，你的手艺”亲子旧物翻新大赛；“我的艺术，你的传递”传统工艺手工坊教学；“村史悠长，长者来说”：老人活动室的建设；“阳光助老”志愿者帮扶行动；“爱心家庭”邻里助老行动；“阳光进社区，爱心洒人间”社区老年人文艺晚会。

（5）儿童青少年服务：“我是智多星”农村青少年学业援助计划；“成长保护伞”儿童、青少年安全教育活动；“环保小卫士”环保义工队活动；“益读图书角”村部图书角建设；“大爱伴我行”外来儿童社会融入援助计划。

（6）农村中老年妇女服务：“巧妇巧手，乐活我有”农村妇女手工技能小组减压活动；“关爱自我，幸福长久”农村女性健康科普、安全防卫技能活动；“做个快乐的农村女”乡村广场舞等体育项目的培育活动。

（7）村、企共荣服务计划：“男生女生，活力青春”村、企运动季；“男生女生，魅力之声”青歌赛；“同在一片蓝天下”促进企业设立爱心基金，关爱农村社区困难村民。

（三）对接县、镇的相关资源

1. 财力支持

建设美丽乡村，改善农村环境，需从硬件条件方面进行。其中文化建设、村卫生建设，如有相关预算，可进行资金配套。

2. 管理支持

把农村社会工作试点村及人才培育，当作本县镇社会工作专业人才队伍建设的重要内容，纳入人才队伍建设；把该村作为志愿者服务记录点和农村志愿服务站建设点；在评选精神文明建设各类奖项时，把爱心家庭、帮助困难人群的村民作为主要对象纳入其中；帮助协调镇上各类资源，比如慈善机构、学校、医院、志愿者服务队伍等。

二、付竹村村情分析

（一）付竹村基本情况

1. 行政区划

付竹村坐落在福厦 324 国道 25. 5 千米左侧，由 1 个主村、3 个自然村组成，全村总面积 5. 2 平方千米，有耕地及林地，同时村里有几个经营还可以的村办企业。

2. 社区人口数量及结构

全村有 1188 户，总人口 3658 人，男性 1884 人，女性 1774 人，男女各约占50%。18岁以下700多人，约占19%；18岁至65岁约2200人，约占60%。残疾人30人左右，低保对象96人，五保对象7人。外来人口700多人。

根据村民小组登记簿，随机抽取6个村民小组，共收集316户居民的基本信息，总计人数达1249人，约占全村人数的34%。笔者通过中国人人生阶段的年龄分段展现六个村民小组的村民构成情况，如下表：

人生段落	年龄	人数	百分比
童年	0~6岁	177人	14.2%
少年	7~17岁	200人	16%
青年	18~40岁	341人	27.3%
中年	41~65岁	267人	21.4%
老年	66岁及以上	264人	21.1%

随着全国人口老龄化的趋势，付竹村人口老龄化问题突出。通过表格数据可以看出，66岁及以上的老人约占21.1%，41~65岁的中年约占21.4%，两者占人口的42.5%。

3. 租地耕种情况

（1）租地数量、租金、年收入、收支情况。因为征地，绝大部分村民没田耕种，目前村里只有十多名低龄老人耕种自家或租赁别人的地种植芋头、蔬菜等农作物，同时，有20多户到福清、长乐、连江等县市承包土地种植莴笋等作物。租地一般每年每亩1500元左右，年收入约20000到30000元，生活都比较拮据。

（2）对租地耕种的感受。因为自家无地耕种，自身年龄比较大，工厂不招收，租地耕种成为农民获取经济收入仅有的选择，自己不租会有其他人租，大家都感到无助却也无可奈何。

（3）对失地的态度和感受。在访谈中，85%的村民对于失去土地感到焦虑。有村民说："你看我们五十多岁了，大半辈子都在种田，突然没有了农田，我们不知道自己还能做些什么事。"可见村民对失去土地的焦虑，对于自己的再就业感到担忧，生活处于迷茫状态，需要给予更多的关注。

4. 心理状态

村里宗祠有赌博现象，但都是隔壁村或县的人参与，赌得都比较大，半天输赢十几万，本地人参与的比较少；本地年轻人白天都去上班，偶尔赌博也是以娱乐为主，本地老年人为了打发时间，经济收入有限，赌额也根据个人收入而不同，有钱的赌得大一些，没钱的赌一元两元，赌大点的一次输赢几百块，赌小的一次输赢几十块。村民都认为宗祠的赌博败坏了村里的风气，但附近几个村也都存在这种情况，大家对此都感觉比较无奈，也担心因为纠纷发生争执打架事件；但也有人认为赌博也是一种消磨时间的方式，赌的小没太大的关系，也庆幸本地年轻人参赌比较少，没有太多人染上这种不良习惯，能安分守己地上班。

5. 社区基础设施

（1）住房情况。村部、何厝村、马路店、渡头多以三四层农村自建住房为主，但村部也有村民的房屋是建造了四五十年的瓦房，房屋有漏水情况；渡头有几栋别墅，马路店面临公路的一面还有店面。总体而言住房条件都还不错，村部有村集体共有的建材市场、速八酒店，周围五金、家具、超市等商铺众多。

（2）社区地理环境、交通。付竹村三个自然村就只有渡头与村部相连，何厝村在村口公路对面，马路店则被公路分成两部分。因为村内道路狭窄，村外面的公路大卡车、私家车来来往往，交通状况都比较危险。

（3）社区基础设施与资源状况。①供水。村部目前是由邻村供水，水压不稳定，有时会停水。②排水。村部附近农田都被征地作为公路建设和厂房建设用地，农田原有排涝功能遭到破坏，台风暴雨会导致排水不畅，内涝严重，今年曾淹到半人高，村里农田颗粒无收。③卫生设施。村附近有一家台商开办的工厂，排放废气废水，污染村里空气和水资源。村里肝癌、肺癌发生率增加。现在村部只有林氏宗祠附近和村委附近两个垃圾堆，半个村的垃圾都堆在林氏宗祠垃圾堆，附近又都是村民住宅，天气一热到处散发臭味，原则上清洁工每天早上 5 点和中午 11 点应各清一次。

（二）历史

村里最早的工厂始建于 1990 年，原有耕地面积 430 亩，通过征地开发，现有耕地约 100 多亩。1998 年村社会总产值 5000 万元，财政收入达 100 万元，农民人均收入达 5000 元。后引进“三资”企业 5 家，兴办集体企业 6 家，分别被省委、省政府评为明星村，被省建委评为村镇建设先进单位，被福州市授予先进党支部，被县委、县政府授予双文明标兵单位，被青口镇党委评为党建工作第一名等。

扩展阅读

美国乡村社会工作的经验

海外乡村社会工作起源于 20 世纪初的美国，比如国家成立的乡村委员会和全国性的全国慈善和矫治会议。特别是在处于“进步时代”和“新政”时期的美国，乡村社会工作得到拓展。面对失业农民以及其他农民的生活困境，政府采取了各种应对农村危机和农村问题的政策举措，社会工作者也在诸多层面上扮演相当活跃的角色，他们运用其专业知识和手法开展各种服务行动，并且发挥了改善农民群体处境、解决农村社会问题，并促使城市和乡村更加协调发展的功能。美国的实践也为后来其他国家和地区乡村社会工作的发展提供了基本的方向。

付竹村工业区是由付竹村经济合作社投资创建，写字楼4000平方米，标准厂房14520平方米，基建投资总额800万元。青口建材市场是由村经济合作社投资创建，店面共300间，总面积13500平方米，基建投资总额398万元。

（三）基层政权及权力关系分析

1. 村级组织

目前村民委员班子有8名工作人员，5个党支部支委，3个村支委。同时，村里现有21个小组，64名村代表。村民委员结构及职能如下：

各村民委员分工中，党支委书记负责统筹和安排全面工作；秘书负责付竹村文书、农业生产和文化宣传工作；支委分别负责村财政和村里店面租金工作、村征兵和村环境卫生工作、村畜牧业和林业工作。3个村民委员中村主任主要负责全村日常事务的统筹与安排，计生办主要负责村民生育登记、婚育等计生工作。

2. 社群组织

（1）老人协会。梅岭村、付竹村、莲花村三个村组成了一个老人协会，协会会员有三十多人，会员大部分是企业退休职工，退休金都在2000元以上，他们每个月会从退休金中抽取一百至两百元当作协会会费，主要用于村里老人生病住院的探望费用。

（2）文娱活动。村部有一个腰鼓队和一个军鼓队，各10多人，共30多人，晚上都会在村民委员会前面的空地跳舞。有一队比较熟练的广场舞的组织者现在是一个大姐，此外，还有一队年纪比较大的老年妇女晚上在空地做健身操。

（四）公益设施

村部现有的娱乐设施包括：村口健身器材、村民委员会对面的健身器材、宗祠内被人承包的麻将桌、村内的私人麻将馆、宗祠内的电视、闽剧播放机等。村部的健身器材建设于2010年，村里老人在早上和下午会过来使用，使用频率比较高。何厝村有一个活动空地供妇女跳广场舞，马路店有一个老年活动中心，内有电视，但都没有开放，也没有开阔的场地供居民活动，居民多到青口镇上的公园活动，比较少到村部。

（五）社区问题和社区需要

（1）卫生习惯问题。村里只有宗祠附近一个垃圾堆，半个村的垃圾都堆放在这里，附近又都是村民住宅，天气一热到处散发臭味，而运垃圾的人又一两天清一次，垃圾是一个老大难的问题，村民环境意识需要提升。

（2）公厕问题。垃圾堆附近的公厕已经用了20多年，内部没有接水，不符合现在国家关于农村公厕的标准，上级拨款80万元下来改造卫生，但都没见动静。

（3）安全教育问题。村里道路比较窄，车辆来往频繁，曾发生过小孩子被撞的事件，需要加强小孩子的安全教育。

（4）村民焦虑的收入问题。身体健康、精神状态良好的50多岁中年人及低龄老人，有心想找点事情做赚取生活费，但种地基本靠天吃饭，受灾时拿不到损失补贴，经济收入偏低，不够日常开支；找不到工作的都赋闲在家，拿着补贴度日，生活比较拮据，为经济收入焦虑。

（5）文化生活变迁问题。村民文化生活需要转型，村里大多数中老年人主要文化生活就是聚集在泰山宫闲聊、看电视，在宗祠、广场舞空地等处打麻将、打牌、赌博。晚上村里中老年妇女在空地跳广场舞，村里大多数的中老年人都会打麻将、打牌、赌博，对下棋等娱乐活动不感兴趣，总体而言，文化生活方式比较单一，且影响不好，缺乏健康的娱乐活动。

三、开展社会工作服务

（一）前期服务工作

（1）社区调查与宣传。2015年9月起，社会工作者利用两个月时间进行社区走访，访谈村民委员、退休老干部、社区领袖、普通村民，查阅资料等，形成一份村情分析报告，并让村民了解社会工作者。

（2）建档与关系建立。由村民委员提供名册，对特殊家庭建档，对困难家庭入户探访、建档，初步建立专业关系。自9月起，每周频繁与村民交流互动，与150名村民建立熟悉关系，与村内妇女活动小组、老年协会、村民小组长建立良好的互动与合作关系；走访付竹小学校长，与其建立合作关系，了解村儿童数量、结构、学习活动状况、需求兴趣等信息；频繁与村民委员沟通需求、服务内容、合同及资源支持。

（3）服务方案成形：经由3个月的时间，以访谈法、观察法、文献法评估村民及村民委员等需求，形成一份项目服务方案。

（二）社区宣传活动

（1）开展“中秋游园，社工同伴”活动，参与人数约80人，提高村民对社会工作的认知，改变村民对社会工作者身份及其能力的一些误解，增加社会工作者与村民间的互动，建立初步的人际关系。

（2）开展付竹小学重阳节“助老爱老”宣传活动，营造敬老、亲老、爱老、助老的风尚，促进学生对村内老人的尊重及关怀，同时宣传社会工作及儿童周末兴趣活动，招募活动对象。

（三）社区人群服务

（1）开展养生保健操教学，为妇女们下载音乐、教学视频等资料。

（2）“少年成长营”周末兴趣小组及亲子互动活动。

（3）链接村老人协会、福建师范大学志愿者教授书法、绘画及手工等技艺，开展6次儿童周末兴趣活动。

（4）开展“心心向善，暖暖相伴”亲子活动，增加留守祖孙间的互动和情感交流。

（四）农村环境改善服务

（1）“小小环保志愿者”培训。组织20名儿童参与“小小环保志愿者”培训，向儿童灌输志愿者服务理念和精神，认识到村里环境卫生现状，增强环保意识，激发环保行动。

（2）“守护美丽家园”环保改善行动。组织11名儿童开展“守护美丽家园”环保改善行动，提升儿童的环保意识，宣传“守护美丽家园”系列活动。

（3）“老当益壮”老人协会小组参与环境改变意识激发活动。每月参与老人协会会议，开展“老当益壮”社区参与动机激发小组，加强与会员的关系，促进会员接纳社会工作者，加强其社区参与意识。

四、社会工作督导

（一）外地督导培训

项目开展前，聘请深圳社会工作者“明星讲师团”讲师王璐对社会工作者的角色、职责、如何进行项目管理、团队建设等内容进行培训，并对项目方案设计给予指导，丰富了社会工作者的理论知识，明确项目方案改进方向，提升社会工作者项目服务的信心。

（二）机构督导服务

从项目运作开始，机构督导温谋富老师进行了持续的社会工作督导，主要就工作计划制订、居民接触方法、社区调查及需求评估方法、社区资源发掘和链接、项目服务方案设计、阶段总结、活动设计与开展、情绪支持等方面提供督导。

督导们引导社会工作者运用社区营造的理念与策略，运用社区社会工作的服务技巧与方法，接触村民、增强其社区参与意识、激发参与动机，吸引村民共同参与到社区环境卫生改善和文化建设行动中，推动试点的有序进行。

五、试点评估

项目自2015年8月底到2016年8月底，实施时间正好一年整。付竹村农村社会工作试点项目完成率超过95%，95%村民对小小志愿者队伍其志愿服务非常满意；90%的村民了解项目，并表示将支持环保活动的推进；90%的村民表示项目服务对其有正面影响，诸多村民也纷纷表达了对“美丽付竹”的向往之情。项目服务将环保与美化环境理念带入家庭，乃至整个村部，达到以点带面推动村民环保意识提升的目标。

评估结果表明，在农村社会工作中，社会工作者以环保为切入点，对解决农村环保问题有效果，项目达到了社会工作者协助居民解决城市化过程中心理失调问题，凝聚居民力量、挖掘村内资源推动村卫生环境的改善和村文化的建设，推进了郊区农村的有序城市化的目标。

一年的农村社会工作试点服务过程中，社会工作者们的心情是复杂的，有收获也有困惑，有欢笑也有挣扎。细思向村民宣传介绍社会工作者、建立关系的过程、评估服务对象需求及服务的过程，社会工作者们不仅在实践中磨炼了自己，而且也为新农村社会工作的推进积累了可贵的经验。

案例点评

社会工作在农村的项目实践还存在很多空白，许多村民根本不知道社会工作是什么。因此，村民对什么是社会工作者、社会工作者所做的服务需要一段时间才能理解并接纳。

项目初期，社会工作者们感触最深的还是“万事开头难”。与人交往是一个长期的过程，从相互了解，再到互相信任，摆在社会工作者面前的第一个难题，便是如何走进村民的生活。在与村民初期接触的过程，社会工作者也需要花一些时间才能走进村民的生活。当社会工作者穿上职业服装，戴上工作牌，走在村里小道串户时，许多村民误认为社会工作者是村官或民政工作人员。社会工作者们一直在思考怎么向村民介绍自己的专业身份，也在第一时间向村民解释社会工作者是一个公益团体派来村里驻点为村民提供服务的工作人员，不是村官或下放基层锻炼的干部。慢慢地，村民对社会工作者的身份和工作内容有了一定的认识，误解得到了澄清。

正所谓“入乡随俗”，社会工作的社区调查需要针对农村居民生活特征，避开村民忙碌的时间，在村民空闲的时间开展访谈。入户阶段的访谈提纲，需根据农村生活现实设计访谈内容（听老年人讲有关泰山宫的故事、入户了解村民农作物的收成情况等内容）。同时在走访中，需要有熟悉村民的人带领入户，这样能够消除村民对社会工作者的不信任，比较迅速地建立关系。

在对村民的需求评估调查中，总能听到各方面的声音，也让社会工作者学会了评估村民、村民委员等相关利益方的需求及社会工作能力的重要性。经过分析、总结村民需求，再与村民委员反复磋商后，最终将社区需求聚焦为以下几个方面：一是生态环境保护与卫生条件改善的问题与需求；二是儿童的需求主要是提供城市化过程中的各类教育及参与社区活动的需求；三是社区健康文化生活的需求。

在初期服务过程中，社会工作者注重以社区营造理念为指导，从公共卫生环境入手，调动村民参与公共事务的积极性，并且让村民认识到公共卫生问题是自己的责任和义务。在过程中注意依靠动员社区内不同人士和团体参与社区活动来解决社区内的问题。

但是，社会工作者在寻找不同人群组建志愿者团队遇到了与城市社区完全不同的困难。农村村民对于志愿者的概念相对比较模糊，虽然村民间也提倡邻里互助，但是农村更注重宗族之间的帮助。想要组建本村的志愿者团队比较困难。在城市社区，居民对志愿者的概念清晰，且居民愿意付出自己的努力共同为社区贡献一份力量，容易招募到志愿者。在不断的反思中，社会工作者决定从简单易做的服务入手，为村民的孩子提供免费的课业辅导，在周末招募大学生志愿者为儿童开展兴趣活动，并在多次家长的来访中进行社会工作宣传，听取家长和孩子的需求，招募学生和家长作为项目后续服务的志愿者。这一做法也在工作中取得了一定的成效。

对于农村社会工作服务试点的探索，还有很长的路要走，社会工作者们也会再接再厉，扎根到村民中，用社会工作者的热忱和真诚感染村民，发动村民参与到社区良好卫生环境改善和文化建设中来，促进村庄的有序城市化。

风尚 & 公益行动

——上海市湖南社区青少年服务智障人士公益活动

上海市阳光社区青少年事务中心　胡如意

社区的问题和需求是社区工作的重要导向，对社区问题和需求的了解，可以为社会工作者如何更好地开展工作指明方向。粗略来看，社区需求可以划分为基本需求（如衣、食、住、行）和心理需求（如归属感、安全感、自我实现等），而当社区中大部分人的某些需求得不到满足时，就会形成社区问题。本案例从整个社区内外资源与需求通过不同主体间的优化配置入手，将需求者与服务者对接起来，在社会工作者的介入与干预下，实现各类人群的助人自助，促进社区的和谐与发展。

一、背景介绍

湖南社区“风尚 & 公益”行动由上海市阳光社区青少年事务中心湖南社工点发起，湖南社区团工委、残联、关工委、上海徐房（集团）有限公司和上海市徐汇区中心医院共同参与。项目旨在动员社会各界人士协同湖南街道的社区青少年一起，共同服务于社区内的智障人士。湖南社区“风尚 & 公益”行动开始于 2007 年 5 月，历时 6 个月，共有 128 人次参与。

二、需求分析

2006 年 10 月至 2007 年 3 月，徐汇区湖南街道青少年事务社工点对本辖区的社区青少年（16～25 周岁未就业、就学的青少年）开展了一项有关求职情况的调查。结果显示，“不懂处理人际关系”是导致他们失去工作最重要的原因，而“工作经验缺乏”是造成社区青少年求职困难最重要因素。同时，与社区系统的疏离也对社区青少年求职造成了很大的障碍。

从社会工作视角来看，每个人都有参与社会事务的权利和促进社会进步的能力。同样，每个人都有促进社会进步繁荣的义务及责任，参与公益服务是表达这种“权利”与“义务”的积极有效的形式。

因此，湖南街道青少年事务社工点旨在建立社区公益平台，立足湖南社区“风尚 & 公益”行动为社区青少年提供了一个展现自我、发掘潜能的机会，通过参与服务智障人士的公益活动，锻炼能力、增强自信，并与社区内其他志愿者建立合作交流的关系。同时，在各方交流合作中，社区营造了和平、接纳、关心、支持的气氛，增强了社区个人、团体、政府和企业的归属感，促进了社会和谐与进步。

三、相关理论背景

（一）地区发展理论运用的背景和意义

美国学者罗斯曼 1979 年将美国社区工作实践经验加以总结，提出社区工作的三大模式：社区发展、社会计划（社会策划）和社会行动。我们所采用的是社区发展模式，这个模式的理念是在一个地域内鼓励居民通过自助及互助去解决社区内的问题，工作的重点是提升居民的民主参与意识及挖掘、培养当地人才。通过社会工作者的发动，鼓励居民关心本社区的问题，对问题作深入了解，进行讨论后采取行动。这一模式十分注重发掘与培养地方领导人才、发掘地方资源，做好资源整合；更强调民主合作、居民自助与互相教育。该模式的最终目的是建立社区自我发展的良性机制，着重于培养一种态度、氛围、程序与机制。一旦有了这个基础，社区成员就能自发地、有效地解决具体问题。

从地区发展视角出发，湖南社区“风尚 & 公益”行动通过动员社区青少年、志愿者、离退休老干部、企业和政府部门等个人与组织，整合各种人力、物力、财力等资源，共同协作帮助社区中的智障群体，达到社区的良性发展。

（二）马斯洛的需求层次论运用的背景和意义

扩展阅读

美国心理学家马斯洛需求层次理论

❖ 第一层次：生理上的需要。是推动人们行动最首要的动力，只有这些最基本的需要满足到维持生存所必需的程度后，其他的需要才能成为新的激励因素。

❖ 第二层次：安全上的需要。人的感受器官、效应器官、智能和其他能量等是寻求安全的工具，甚至可以把科学和人生观都看成是满足安全需要的一部分。

❖ 第三层次：情感和归属的需要。人人都希望得到相互的关系和照顾。感情上的需要比生理上的需要来得细致，它和一个人的生理特性、经历、教育、宗教信仰都有关系。

❖ 第四层次：尊重的需要。人人都希望自己有稳定的社会地位，要求个人的能力和成就得到社会的承认。尊重的需要又可分为内部尊重和外部尊重。内部尊重就是人的自尊，外部尊重是指人希望受到别人的尊重、信赖和高度评价。尊重的需要得到满足，能使人对自己充满信心，对社会满腔热情，体验到自己活着的用处和价值。

❖ 第五层次：自我实现的需要。是最高层次的需要，是指实现个人理想、抱负，发挥个人的能力到最大程度。达到自我实现境界的人，接受自己也接受他人，解决问题能力增强，自觉性提高，善于独立处事，要求不受打扰地独处，完成与自己的能力相称的一切事情。

更高需求。自我超越的需求是马斯洛需求层次理论的一个模棱两可的论点。通常被合并至自我实现需求中。

根据马斯洛关于人类需求的层次，人们共有五个层次的需求，即生理需要、安全需要、社交需要（即爱与归属的需要）、自尊与受人尊重的需要、自我实现的需要。马斯洛的理论提出，人的需要有一个从低级到高级发展的过程。在高层次的需要充分出现之前，低层次的需要必须得到适当的满足。而且每个时期都有一种需要占主导地位，而其他需要则处于从属地位。

参照马斯洛的需求层次论，湖南社区“风尚 & 公益”行动使社会各界更关注智障人士的生理和安全需求，各方的全情投入也施予了服务对象正常的社交能力并使其得以增强。同为困难群体的社区青少年在与其他志愿者参与公益活动的过程中，锻炼了自己，增进了沟通，更展现了自我的才能，最终获得社区的认同。积极参与本项目的大学生、白领和离退休老干部志愿者们更获得了社区的尊重。

（三）增权和参与理论运用的背景和意义

增权是通过提升正向的自我概念及自我认知，增强其自尊、自信、权力及能力，及减少环境的限制，使其获得更多政治和社会资源以协助个人提高其对生活的自我决定能力及行动力（Kieffer，1984；Payne，1997）。增权理论的基本假设是个人可以凭借自己的能力对自己加以改善，整合现有资源，协调问题状况，促使现有环境有所改变。增权的过程，其重心系在个人的自决，强调社会工作者为倡导者的角色。而且通过创建一些以增权为理论基础的自我导向工作模式的确可以增加成员的自信、自尊及对生活控制的能力。

结合增权和参与理论，湖南社区“风尚 & 公益”行动通过青少年事务的组织、协调和倡导，使社区青少年、志愿者、离退休老干部和企业能聚合更多的政治和社会资源参与社区事务，实现自我和社区的共同改善。

扩展阅读

增权与公民权理论

“增能（empowerment）”（也表述为增权、赋权）概念最初出现于政治学的研究中。在政治学看来，增权能够改变传统的权力集中格局，使得广大的社会成员获得普遍权力，而权力不再仅仅限于政客和富人。随着社会的发展进步，尤其是社会权力意识和公民权力意识的兴起，增能概念的外延不断扩大，延伸到经济领域和社会领域，成为描述社会弱势群体发展状况得以改善的重要理论支持。

公民权理论在具体内容上可以概括为这样几个方面：

❖ 作为身份地位的公民权，是指把平等地享有公民权当作个人在一个社会政治共同体中的成员资格。

❖ 作为权利义务体系的公民权，是对共同体内部成员之间以及成员与共同体之间的关系的界定。

❖ 作为参与行动的公民权，公民权不仅仅是一束刻板的权利规定，更是一种行动宣称。社会成员具有参与共同体的行动权利，并争取被不公正剥夺了的公民权。

四、项目实施

湖南社区“风尚 & 公益”行动旨在通过“公益服务”的概念，让社区居民、组织和政府部门等共同参与社区建设，在服务他人、服务社会的同时，自身得到提高、完善和发展，精神和心灵得到满足。

在 6 个月的实施过程中，共有 128 人次以志愿者或顾问的身份，帮助湖南社区“阳光之家”开展18次公益活动。其中，社区青少年44人次，志愿者72人次（社会工作系志愿者35人次，白领志愿者25人次，社区志愿者6人次，离退休老干部6人次），单位及组织负责人12人次。

（一）合作资源

（1）湖南社区团工委：提供活动一切组织及行政支持。

（2）湖南社区残联：提供活动场地支持，并动员“阳光之家”师资力量。

（3）湖南社区关工委：动员社区优秀离退休老干部。

（4）上海徐房（集团）有限公司：提供全部活动经费，并通过团工委动员优秀团员青年。

（5）上海徐汇区中心医院：动员优秀团员青年。

（6）中录华纳家庭娱乐有限公司：提供DVD和VCD作为活动纪念品。

（7）其他：湖南社区“风尚＆公益”行动QQ群。

（二）项目流程

1. 第一阶段：筹备期

该阶段主要进行了需求调查，了解湖南社区青少年和困难群体的意向，并与社区内政府部门、企业协商合作计划，争取最大资源，并形成初步项目计划书。

项目共开展了3次活动。2007年5月26日，召开“公益启航”青少年及志愿者关爱行动策划会，确定服务湖南社区“阳光之家”的意向。6月7日，社会工作者协同社区青少年探访“阳光之家”，初商合作意向。通过与社区内政府部门和企业积极沟通之后，项目获得了物力和财力支持，并于6月19日在湖南社区召开“风尚＆公益”行动动员会，两位社区青少年代表作动员宣传。同时，项目的宣传单张和项目 QQ 群也正式发布。

2. 第二阶段：工作期

2007 年 7 月初至 8 月中旬，项目确立了湖南社区“风尚 & 公益”行动的服务宗旨和工作重心，定期协助“阳光之家”开展各种文娱课程。

2007 年 7 月 4 日，湖南社区“风尚 & 公益”行动开展了项目启动仪式。会上，上海市阳光社区青少年事务中心湖南社工点与湖南社区团工委、残联和关工委，以及上海徐房（集团）有限公司达成共识，将以各种形式参与到服务湖南社区“阳光之家”的公益活动中。

之后，湖南社区“风尚 & 公益”行动以授课的形式开展活动 11 次。其中，手工制作课 1 次，礼仪英语课 3 次、手语歌曲课 1 次，以及陪同集体舞蹈课 6 次。

3. 第三阶段：成熟期

2007 年 8 月下旬至 9 月底，湖南社区“风尚 & 公益”行动进入成熟期。此阶段，项目的个人、组织或部门由原本的分别参与逐渐演化为共同协作。同时，为了更好地满足“阳光之家”的需求，项目修正了服务计划。

2007 年 8 月 23 日，湖南社区“风尚 & 公益”行动互动活动（暨中期总结）顺利展开。活动通过康乐游戏的形式协助智障学员康复，并为 10 月的特殊奥林匹克运动会热身。会上，上海市阳光社区青少年事务中心湖南社工点总结了项目启动以来的服务成果，并与各方参与者就下一步服务计划达成共识。同时，社工点还欢迎了新加入湖南社区“风尚 & 公益”行动的新成员——上海徐汇区中心医院的青年团员们。

整个 9 月，项目为了协助湖南社区“阳光之家”的特殊奥运会的社区接待工作，动员大学生、白领志愿者共同完成了赠送外国特奥运动员的 20 枚十字绣纪念品。

4. 第四阶段：结题期

2007 年 10 月，项目进入结题期。10 月 26 日，湖南社区“风尚 & 公益”行动闭幕仪式顺利举行。阳光社会工作者播放了一段由志愿者精心制作的视频回顾，展示了湖南社区“风尚 & 公益”行动一路来的成长历程。仪式上，湖南社区团工委、关工委和上海徐房（集团）有限公司为“阳光之家”的学员们和老师们送上了精美的日用品和学习用品。

五、总结

（一）资源整合，民主合作，促进社区自我良性发展

湖南社区“风尚 & 公益”行动通过个人、社会团体、企业和政府部门的合作，整合各种人力、物力、财力等资源共同协作，服务社区中的智障群体，促进了社区的良性发展。

1. 搭建了沟通的桥梁

参与本项目的既有青少年事务社会工作者的直接服务对象——社区青少年，还有志愿者、离退休老干部、企业、政府部门和社区困难群体。其中，志愿者中又囊括了社区居民、社会工作系大学生以及白领青年。通过公益活动这一平台，鼓励各方人士建立良好的情感支持网络，促进相互沟通和资源共享。

2. 提升了社区归属感

项目的参与者都是学习、生活在湖南社区或与社区有密切联系的各界人士。在对社区困难群体“阳光之家”的智障学员服务的过程中，各方能够民主地讨论并参与共同实施，为社区的自我良性发展提供了人力支持。

（二）多渠道满足了多界别群体的多层次需求

湖南社区“风尚 & 公益”行动的参与者既为社区困难群体——智障人士，提供满足需求的机会，又为自身需求的满足打下基础，同时还为同为公益活动的参与者提供满足需求的机会。

（1）对于社区青少年而言，在生理和安全需求基本得到满足的条件下，社交需求凸显出来。作为独生子女的他们，与社区关系疏离，缺少互相交流的机会。通过公益平台，他们有机会与社区各界人士交流，在教授、互动中学习和成长，改善了人际关系，积累了社区服务的经验。同时，他们在发挥自己能力和展现自我的过程中又获得了社区的尊重。

（2）对于志愿者和离退休老干部而言，参与社区公益活动进一步满足社交需求，更提升自己的成就感和自我价值感。原本他们是社区中的居民，或与社区有密切联系的人士，以志愿者及顾问的身份参与项目中，得到了社区的认可和尊重，满足了他们被尊重的需求。而特别委任的任务让每个人都有施展才华和发挥潜能的机会，达到自我实现。

（3）对于智障群体而言，社区青少年、志愿者和离退休老干部的积极投入，加之政府部门和企业的关心，增进他们在生理和安全需求的满足，收获了友谊和关爱，更在自我展现的过程中获得尊重。

（三）倡导公益，促进增权

在青少年社会工作事务所的组织、协调和倡导下，社区各界能够聚合更多的政治和社会资源参与社区事务，实现自我和社区的共同改善。

（1）社区青少年获得了一个展现自己才能的平台。他们从原本缺乏互助的状态中进入社区，逐步感知自身对于环境的可支配性。社区青少年通过担任智障人士的手工、英语、舞蹈和手语等课程的老师，提升正向的自我概念，在潜移默化中增强自我认知，提高自信、自尊。

（2）志愿者和离退休老干部等社区人士在本项目中从开始的被动参与，到后期的亲身策划和组织，得到自我能力方面的提升。这个过程也就是自我赋权的过程。

（3）企业、政府部门通过项目承担了社会责任，关怀、支持社会弱势群体（智障人士及社区青少年），在社区内营造了和平、接纳、关心、支持的气氛。

（4）困难群体不再是单一的受助者。在各界人士服务的过程中，“阳光之家”的智障学员不仅仅收获了关心和尊重，也在身心和技能方面获得提升。他们能将康乐游戏和课程中的所学进行展示，回馈社区。

（5）社工点作为社区工作的倡导者，在与各方资源的协调和整合中解决了社区问题、改变了现有的环境，树立了社区中正向的社会形象，增强了自尊、自信和能力。

案例点评

本项目（湖南社区“风尚 & 公益”行动）是由专业社会服务机构发起，联合湖南社区团工委、残联、关工委、上海徐房（集团）有限公司和上海市徐汇区中心医院等众多社会机构和部门共同参与的。它通过对社区青年的针对性需求分析，构建社会公益关系，使社区青年走出个人的生活圈子，在社会公益和志愿服务中实现自身的合作意识和社会能力的提升。各方的交流合作营造了和平、接纳、关心、支持的社区气氛，增强了社区个人、团体、政府和企业的归属感，促进了社会和谐与进步。

在项目开展的理论依据上，社会服务机构及其工作人员从以下几方面入手展开分析。首先，从地区发展视角出发，湖南社区“风尚 &

公益”行动通过动员社区青少年、志愿者、离退休老干部、企业和政府部门等个人与组织，整合各种人力、物力、财力等资源，共同协作帮助社区中的智障群体，达到社区的良性发展。其次，参照马斯洛的需求层次理论，该项目使社会各界更关注智障人士的生理和安全需求，各方的全情投入也获得了社交和尊重。同为困难群体的社区青少年在与其他志愿者参与公益活动的过程中，锻炼了自己，增进了沟通，更展现了自我的才能，最终获得社区的认同。积极参与本项目的大学生、白领志愿者和离退休老干部们也获得了社区的尊重。同时，结合增权和参与理论，该项目通过青少年事务的组织、协调和倡导，使社区青少年、志愿者、离退休老干部和企业能聚合更多的政治和社会资源参与社区事务，实现自我和社区的共同改善。

在具体的实施操作上，该项目根据不同主体的需求信息，搭建桥梁，链接资源，使服务与需求相匹配。一是通过个人、社会团体、企业和政府部门的合作，整合各种人力、物力、财力等资源，共同协作服务社区中的智障群体，增强了他们对社区的归属感，促进了社区的良性发展。二是项目的参与者既为社区困难群体——智障人士提供满足需求的机会，又为实现助人自助打下基础，保障其生理和安全需求，促进自我实现；同时，还为同为公益活动的参与者提供满足需求的机会，使社区青少年、离退休老干部获得社交能力的提升，促进自我实现的需求满足。三是在青少年事务社会工作者的组织、协调和倡导下，社区各界能够聚合更多的政治和社会资源参与社区事务，实现自我和社区的共同改善。社区青少年、志愿者和离退休老干部等社区人士以及企业、政府部门等为社区困难群体提供人力资本和服务资源。

本项目符合社区工作中地区发展模式的基本要求。让社区居民、组织和政府部门等共同参与社区建设，通过不同主体资源与需求的优化配置，实现资源与需求的对接，在服务他人、服务社会的同时，自身得到提高、完善和发展，精神和心灵得到满足。因此，在此过程中，社会工作者扮演的角色主要是中介人的角色。通过社会工作者的穿针引线，社区内外不同主体的差异性需求得到了互助性满足，并实现自我升华与进步，最终实现不同主体的助人自助。

当然，本项目的实施方案也存在一定的不足。比如，缺乏自我组织机制和领导人培养，这使得该项目存在随着社会工作者的撤离而很快瓦解的可能。换言之，本项目中的社会工作者是所有需求和服务连接的中间结点，不同主体之间缺乏足够结实的社会关联，他们之间互动要通过社会工作者来实现。这种组织结构中的社会工作者实际控制了整个关系网络及其资源，成为组织网络中的最大权力者。同时，这种组织结构缺乏足够稳定性和持久性，受社会工作者个人的影响非常大。

邻里互助　友爱共融

——志愿者领袖培训小组个案

广东省东莞市星扬社会工作服务社　吴懿艳　刘智琴

志愿者是社会公共服务不可或缺的重要人力资源，志愿服务已经成为推动社会服务创新、促进社会和谐发展和全面建成小康社会的积极力量。如何“在创新基本公共服务供给模式下，提升社区基本公共服务能力，加快社会工作专业人才队伍建设，并建立专业人员引领志愿服务的机制，大力发展志愿服务，完善志愿者管理制度和志愿服务方式，促进志愿服务制度化、经常化和规范化，从而推动志愿服务与政府服务优势互补、有机融合”（摘自《国家基本公共服务体系“十二五”规划》），已经成为当前各级党政部门、社会服务机构和社会组织的一项重要任务。

一、背景介绍

东莞市妇联白玉兰家庭服务中心于2010年进驻东莞市东城东泰社区，开展专业社会工作服务。在过去两年的服务开展中，我们留意到：中心所在的社区经济水平相对较高，社区硬件设施齐全，居住人群素质较高，物质条件较优越；而中心周边的一些社区则居住着一些城市的边缘人群，他们大多数以拾荒或环卫工作为生，文化水平较低，居住条件简陋，物资匮乏，在工作、住房、子女教育、自我增值等方面存在着很大的需求。随着中心“关爱特攻队”关爱服务不断深入开展，中心掌握了周边社区一些困难群体的名单，并与其建立了一定的专业关系。

中心所在社区志愿者资源丰富。他们热心主动，其中不乏热心且具备组织能力的专业人士。他们也曾自发组织过社区活动，如郊游、聚餐等。他们希望加强社区居民间的交流，为社区发展出一份力。

鉴于此，社会工作者将充分发挥“社会工作者＋义工”的联动机制，运用社会工作的专业方法，发挥志愿者的队伍优势，依托本社区的资源，增强本社区与周边社区的交流，促进社区间的共融。因此，中心于2012年策划开展了社区共融计划。“邻里互助·友爱共融——志愿者领袖培训小组”是该计划的重要内容，为社区共融计划提供人才保障。

名词解释

社区领袖的类型

❖ 团队领袖：在团队活动中，一些成员由于专业水平突出或人际交往能力凸显，自然而然地成为具有影响力的团队带头人，一方面承担团队建设的责任，另一方面在社区其他事务中发挥表达民众意愿的作用。

❖ 意见领袖：社区公众中自发产生的作为公众与政府的中间层次的领袖。他们直接参与到危机管理中，把公众各方面的诉求表达出来，同时他们也研究危机的真相，帮助居民消除恐慌，引导更多居民参与，促进政府依法管理，并整合社会力量，为解决各种社区问题发挥推动作用。

❖ 楼组长：从生活在社区的居民中选出的楼组长，不仅协助居委会做好小区管理工作，听取住户意见，反馈社情民意，协调社区内部矛盾，更可充分发挥社区居民的自主管理能力。

❖ 业委会主任：由居民选举产生的业委会，在社区物业管理中发挥非常重要的作用。业委会主任在居民中自然具有影响力，能够起到沟通社区居民与居委会、政府之间联系的作用。

（来源：中共闵行区委党校课题组："论社区领袖的作用与培育"，《上海党史与党建》，2011。）

二、分析预估

社会工作者在网络上宣传中心的服务时，加入到了社区内一些业主 QQ 群中。通过长期的观察发现，某小区业主 QQ 群非常活跃，除了日常闲话家常外，小到居家琐事、育儿养生，大到小区事务、新闻时政，群里无所不谈。自然一些特别热心的居民就涌现出来，群主和几名活跃分子成了业主群中的默认领袖，具有一定的影响力。他们也多次发起群内活动，为群友提供服务，但仅限于聚餐、郊游等基本和浅层的服务。而他们作为仅有的几名组织者对此也表现出心有余而力不足。

社会工作者与这些“小区领袖”接触，了解到他们有强烈的帮助他人的愿望，但令他们困惑的是他们对于帮助谁、如何帮没有清晰的概念。同时，他们也缺乏必要的技巧，为更好地帮助他人，他们需要一个组织。

扩展阅读

社区领袖要具备的品质

- 热爱群众
- 善于聆听
- 勤奋工作
- 表达能力佳
- 勇于面对困难
- 自我认同感强
- 有广阔视野，具有历史感和前瞻性
- 易交朋友
- 易与他人建立良好的人际关系
- 乐于助人
- 思想开放，不故步自封
- 严于律己
- 协助别人建立自信
- 善于处理压力

以上品质对于社区领袖的要求非常高，很少有社区领袖能够完全拥有。社区工作者在鼓励居民参与的同时，应积极和仔细观察，留意哪些居民拥有以上的品质，并加以发掘和适当栽培，以收到事半功倍之效。

（来源：徐永祥，《社区工作》，北京：高等教育出版社，2004。）

综上所述，我们经过对社区和组员的综合评估，得出以下几点：

（1）社区需要领袖人才。

（2）志愿者渴望提升组织能力。

（3）志愿者的助人理念需要巩固。

（4）志愿者的助人技巧需要提升。

（5）社区共融计划需要志愿者领袖。

三、服务计划

1. 小组理念

（1）社会支持理论。该理论认为社会支持是可见的或实际的，包括物质上的直接援助、社会关系、人脉网络、团体关系的存在和参与等，是影响人们社会生活的重要因素，也是个体社会适应性的考评维度。一方面，组员通过参加志愿者领袖小组，能在小组中获得社会工作者及组员的支持，获得有关志愿者的知识和技巧、提高领袖能力。另一方面，作为社区的志愿者领袖，组员通过领导志愿者团队，服务社区，也为志愿者、为社区居民提供了支持。

（2）体验学习理论。体验学习理论认为人在实践活动过程中，通过反复观察、实践、练习，对情感、行为、事物的内省体察，最终认识到某些可以言说或未必能够言说的知识，掌握某些技能，养成某些行为习惯，乃至形成某些情感、态度、观念的过程。小组通过游戏、情景体验巩固组员的助人理念和助人技巧。小组采用社会目标模式，从一开始就为小组设定共同的短期目标，如策划组织一场社区活动。小组的开展过程是组员共同完成“评估本社区需求→制订社区服务计划→实施服务计划→评估”的完整过程。即组员通过反复观察、实践、练习及内省，最终在小组中加强助人理念、提升活动组织能力以及志愿者团队管理的能力，成长为志愿者领袖乃至社区的领袖人物。

（3）需要层次理论。马斯洛将需求分为五种，分别为：生理上的需求、安全上的需求、情感和归属的需求、尊重的需求、自我实现的需求。对于组员来说，他们在小组和志愿者团队中相互交流、学习，得到团体归属感的体验，从而满足爱的需求。而参加志愿者服务、成为志愿者领袖，个人能力得到提升，服务水平得到提高，得到大众和自我的积极评价，实现自我的价值。

扩展阅读

培训社区领袖时所遵循的原则

❖ 寻找居民所关心和利益受影响的事件（志愿者）

❖ 与居民分享被不公平的对待和不满的感受

❖ 鼓励居民做出行动

❖ 行动的实践宜小不宜大

❖ 行动的实践宜少不宜多

❖ 每次的实践务求有所结果

❖ 实践的结果必须证明社区领袖是有能力的

❖ 实践的深化必须面向增强社区领袖参与的动机和加强其能力与技巧

❖ 实践的深化，必须把社区领袖的责任感渐次加强等

（来源：甘炳光等主编：《社区工作技巧》，香港：香港中文大学出版社，1997年。）

2. 小组目标

（1）增进组员的自我认识。

（2）增强组员的助人理念与技巧。

（3）提升组员的组织能力。

（4）培养和发展社区领袖，扩大中心服务深度和广度。

（5）提升中心志愿者自我管理、自我服务的能力。

3. 小组性质

发展性小组。

4. 小组对象

东泰社区内热心公益及社区事务的20～50岁的人士。

5. 小组时间

2012年5月26日、6月2日、6月9日、6月16日、7月6日、7月11日、7月21日、7月28日，下午3:00～4:30，共8节。

四、实施过程（小组过程记录见附录）

节次/日期/时间	目标	内容
开组前	1. 介绍小组目的和内容 2. 澄清组员期望	组员招募及电话会谈
第一节 5月26日 15:00～16:30	1. 使组员相互认识、明确小组目标 2. 增强组员对于志愿者的认知	1. 介绍中心及小组、社会工作者自我介绍，澄清期望（10分钟） （1）负责社会工作者先做自我介绍，然后通过PPT向组员介绍中心服务，介绍小组理念、目的及安排，并派给组员每人一张小组八节安排的内容 （2）邀请组员分享小组期望，并口头进行澄清
		2. 热身游戏：大小风吹（15分钟）

续表

节次/日期/时间	目标	内容
第一节 5月26日 15：00～16：30	1. 使组员相互认识、明确小组目标 2. 增强组员对于志愿者的认知	3. 相互认识游戏：填写“九宫格”（20分钟） （1）社会工作者把印有“昵称、住处所在区域、喜欢吃的水果”等内容的“九宫格”工作纸发给组员 （2）组员先在工作纸上写上自己的姓名及填上答案，然后拿着工作纸与其他组员交流，遇到答案一致的地方则邀请组员签名，收集到签名最多的胜出，可获赠小礼物一份 （3）邀请组员分享在游戏中对其他组员的认识
		4. 订立小组契约（10分钟） （1）向组员解说订立小组契约的重要性是保障组员在小组内权利 （2）强调在小组内尊重、不批判、保密、分享等内容的重要性 （3）组员自由讨论小组契约的内容并分享，社会工作者进行汇总
		5. 社会工作者用PPT向组员讲解志愿者的基本理念和知识（20分钟）
		6. 布置作业：九型人格测试（15分钟） （1）社会工作者向组员解说小组后作业的重要性并预告每节小组后都会布置作业 （2）解说本次课后作业的目的及内容，给予完成测试的指示
第二节 6月2日 15：00～16：30	1. 增加组员对自我的了解 2. 提升小组团队合作能力及凝聚力 3. 加深组员对志愿者领袖角色认知和其所需具备素质的了解	1. 分享九型人格测试结果（30分钟） （1）向组员解说测试的目的在于增强对自我的认识 （2）邀请组员分享在测试过程中的感受，如自己是否与测试结果相符，对自己是否有新的认识等
		2. 完成团队任务：高空飞弹（30分钟） （1）材料：每组鸡蛋一只，气球一只，塑料袋一只，竹签三只，橡皮筋三条；讨论时间：20分钟 规则：从三层楼的高空落下，鸡蛋不碎者为完成任务 （2）邀请组员分享：在游戏的过程中，你担任什么角色？你对团队有什么新的发现

续表

节次/日期/时间	目标	内容
第二节 6 月 2 日 15：00～16：30	1. 增加组员对自我的了解 2. 提升小组团队合作能力及凝聚力 3. 加深组员对志愿者领袖角色认知和其所需具备素质的了解	3. 了解自我的领袖特质（20 分钟） （1）邀请组员填写“领袖特质”问卷，并向组员解说测试目的是促进组员对自我“领袖特质”的了解，向组员讲解填写的注意事项 （2）邀请组员分享对测试结果的看法，测试结果是否与自己相符？为什么
		4. 布置家庭作业：填写社区基本情况（人口、地区、社区组织等）（10 分钟）
第三节 6 月 9 日 15：00～16：30	1. 加强志愿者对本社区的了解 2. 提升志愿者做社区需求分析的方法和技巧 3. 提升组员如何通过社区活动回应社区需求的能力	1. 介绍社区的因素（25 分钟） （1）邀请组员分享作业（观察社区的人口、地区及社会组织等方面的情况） （2）向组员介绍社区分析的三个维度：社区类型、社区基本情况分析及社区问题分析 （3）结合组员的作业分享，总结本社区的基本情况
		2. 团队沟通游戏：砌图形（20 分钟）
		3. 本社区的需求探讨（25 分钟） （1）介绍需求的四种类型：感觉性、表达性、规范性及比较性需求，并介绍针对这四种诉求，在个人、家庭、小组、社区及社会等层面应如何介入 （2）以实例教导组员如何从表征需求中寻找到背后的真实需求，辨别单一需求与多层次的需求 （3）以小组讨论的形式，让组员找出本社区的需求（引导组员从邻里关系及共融等层面进行切入）
		4. 需求的筛选（15 分钟） （1）介绍 SWOT 分析，并带领组员针对小组进行小组分析 （2）根据 SWOT 分析，引导组员对找出的社区需求进行优先排序，确定本小组能解决的需求
		5. 家庭作业：组员根据讨论的“需求”写出解决需求的活动（5 分钟）

续表

节次/日期/时间	目标	内容
第四节 6月16日 15：00～16：30	1. 学习如何分析、选择合适的社区活动方案 2. 提升组员策划活动的能力	1. 分享家庭作业（15分钟） 将组员分成两组，组员轮流分享家庭作业，每组选出最佳方案（每组一个），社会工作者引导两组分别进行展示，引导组员根据“方案选择的因素”选出最佳方案（一个）
		2. 介绍活动计划书的撰写（25分钟） 以“邻里互助·友爱共融”社区宣传活动为例，介绍活动计划书所包含的因素，如名称、对象、地点、名额、人手编排、日期与时间、招募及宣传方式、预计困难及解决方法、财政预算和程序安排等
		3. 讨论（35分钟） 让组员针对将要开展的活动讨论出活动的目标、对象、地点及招募方式等
		4. 选领袖（15分钟） 引导组员根据组员的特长及在小组中的表现，选出小组中的领袖；澄清社会工作者（协调者、顾问及督导的角色）与组员（主导的角色）在开展接下来的活动时的角色与职责
第五节 7月6日 15：00～16：30	1. 提升组员组织能力以及应对能力 2. 提升小组凝聚力	细节讨论（90分钟） 小组领袖引导组员进行活动细节讨论，完成活动计划书及分工。工作员扮演协调者及顾问的角色 讨论要点： （1）活动名称 （2）活动时间 （3）活动形式如何契合“邻里互助·友爱共融”主题 （4）前期筹备及分工 （5）联系物业 （6）宣传招募 （7）场地布置、分区 （8）志愿者招募、分工、培训、物资

续表

节次/日期/时间	目标	内容
第六节 7月11日 15：00～16：30	1. 提升组员组织能力以及应对能力 2. 提升小组凝聚力	根据第五节讨论结果进行的分工，各自汇报工作进度，讨论筹备过程中遇到的困难及解决方法（90分钟）
第七节 7月21日 15：00～16：30	1. 通过亲身开展社区活动，使组员能够获得经验，提升自我 2. 增强组员团队合作意识	小组组员根据活动计划书开展活动，社会工作者扮演观察者及督导者的角色（3小时）
第八节 7月28日 15：00～16：30	1. 提升小组团队凝聚力 2. 梳理、巩固组员在小组中的学习和收获 3. 鼓励组员探讨小组的可持续发展	1. 活动反思（90分钟） 引导组员从团队合作、活动的成效、小组后续发展等方面进行探讨及分享，并总结经验（45分钟） 2. 提出小组的后续发展建议（小组发展成自助小组，小组领袖定期组织组员聚会，每次聚会自定主题，社会工作者扮演协调者的角色）（20分钟） 3. 组员分享个人在小组中的成长，小组绘画成长苹果树（25分钟）

扩展阅读

培训社区领袖的工作技巧及培训要点和方法

社会工作者积极教导社区领袖的工作技巧有：人际关系技巧；开会技巧；演讲技巧；组织技巧；谈判技巧；游说技巧；政治技巧；与传媒接触技巧；资源动员技巧；沟通技巧；管理技巧；战略及战术技巧；检讨技巧；小组带领技巧。

上述技巧可以通过学习加以改善。社会工作者可以通过训练、实习、示范、阅读文章、录音、观看影视资料、亲身体会、观察、讨论、角色扮演等方式来加强社区领袖的技巧训练。进行上述技巧培训时，应遵守以下的学习要点：

❖ 每次学习的内容宜小不宜大，宜少不宜多。

❖ 每次学习宜集中学习一两种技巧，不宜过多。

❖ 从经验中学习技巧的效果最佳，故宜把学习的技巧实践在日常的生活中。

❖ 学习的主题必须是社区领袖所感兴趣的。

❖ 学习的目标是发挥其长处和减少其短处，故学习的内容应根据不同特质的领袖而有不同的设计。

❖ 应多向别人学习，从中取长补短，但不要照搬照抄。

社会工作者在培育社区领袖时，应注重学习以下工作方法：

❖ 鼓励参与。参与是居民成为社区领袖的重要环节，故社会工作者应主动邀请有潜质的领袖参与组织工作。

❖ 及时给予肯定和鼓励。针对有些居民缺乏自信、自我形象认知不高的问题，社会工作者应在居民领袖培育实践中，对其表现好的、积极的地方给予鼓励，肯定其进步，不断提升社会领袖们的自我评价，增强自信心。

❖ 宣传当家做主的思想。社会工作者应不断向社区领袖灌输当家做主的思想，以建立自主和自立的意识，同时也有助于培养他们的担当意识。

❖营造民主的领导氛围。社区居民领袖也要受到外来的监察，并按照社区居民的意愿和利益开展活动，因此社区工作应积极培养社区领袖的民主意识，使之接纳不同意见，并遵循少数服从多数等行为规范。

❖ 不断提供居民领袖学习进步的机会。要想社区领袖在工作上能独当一面，社会工作者应按照居民领袖的能力，而不断提供相应水平的学习机会，使其在不断充电过程中提升自己的认知水平和实践能力。

❖ 养成从检讨中学习改进的习惯。居民组织与居民领袖的成长，不但是从实践中学习和吸收知识与经验，也是从实践中检讨成败得失，借以发挥所长，改进不足。社会工作者应协助居民领袖培养检讨和自省的习惯。

❖ 建立居民领袖权责分工的意识。不少居民领袖由于不懂权责分工，往往弄得其工作量集于一身，甚至分工不明、权责不清而使居民领袖间出现摩擦，导致工作效率低等问题，社会工作者应加强居民领袖的权责分工意识和观念。

❖ 培养理性讨论，充分沟通和尊重少数的领导作风。许多居民领袖把民主的精神等同于大多数人的决定，而看不到民主的原则也包括充分沟通、理性讨论和尊重少数等条件在内。因此，社会工作者应注重培养居民领袖对民主原则的理解和认同。

（来源：徐永祥．社区工作［M］．北京：高等教育出版社，2004 年。）

自助小组成立至今，已有一年，在这一年中，小组根据组员当初达成的共识，每个季度进行一次集会。

2012 年 11 月，小组开展了一次志愿者户外交流会，活动由萍、芹和燕负责。这次集会有 20 多名志愿者参加，活动后，参加者都登记成为中心的志愿者。

2013 年 4 月，小组进行了小组集会，讨论 5 月的跳蚤市场活动。这次集会，产生了两位新的负责人。活动后，两位负责人带领志愿者进行分享，组员的分享从以往对活动程序的反思转移到活动对参加者的意义上。

知识链接

成长小组带领技巧实验流程图

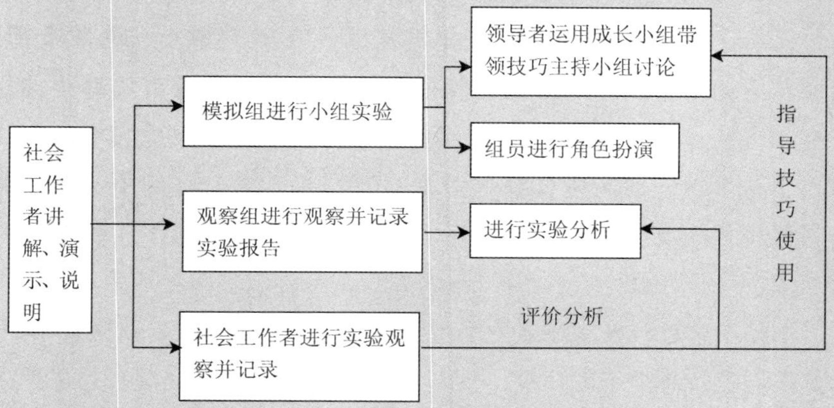

（来源：魏爽. 小组工作实验室教程[M]. 北京：中国社会出版社，2015。）

2013 年 8 月，小组开展了第三次集会，讨论如何运用本社区的资源为周边社区的困难家庭提供服务。随着小组的推移，组员从关注社区内的事务扩展至关注周边社区的“共融”问题。

组员在小组中不断成熟，新的组员加入小组，得到锻炼的机会。在小组向前走的过程中，社会工作者发现组员因要兼顾家庭与工作，对小组的投入渐感不支。社会工作者一方面在小组集会时给予同理，并鼓励组员根据自己的需要投入小组；另一方面，亦积极地培育有时间有心付出的组员成为领袖。接下来，考虑到社区有一批有时间有意愿的家庭主妇，将招募她们加入小组，并对其进行培训，以充实小组的人力，以配合“社区共融计划”的发展。

五、总结评估

1. 小组的结果目标达成

组员在第七节成功开展“邻里互助·友爱共融——跳蚤市场”活动，活动受到社区居民的热烈欢迎，报名参加跳蚤市场摊位的居民有32位，活跃在活动现场的买客有数十人。活动共派发中心宣传资料200多份，现场报名登记做志愿者的有3人，咨询中心服务并填写建档表的有数十人。活动在小区居民的强烈要求下，延迟半小时结束。

小组结束后，发展成自助小组。自助小组由组员负责召集及组织，一年来，保持每个季度开展一次集会的频率，有序开展服务。志愿者自我管理、自我服务的目标达成。

2. 小组的过程目标达成

小组成员对东泰社区有了系统了解，并能据此开展社区活动，组员的组织策划能力得到提升，团队管理能力也得以增强。此外，通过小组的参与，组员的自我认识有所提升，个人得到成长。最后，小组发展至今，组员从开始注重活动的过程转移至活动的结果及对参加者的成效，助人的理念得以提升。

六、专业反思

1. 社会工作者的角色转变

由于小组其中的一个目标就是培养志愿者领袖，因此社会工作者特别注重调整在小组中的角色。在小组的前三节，社会工作者充当主导者，运用社会工作的专业知识传道、授业、解惑。到了小组中期，社会工作者开始退居协助者、支持者及顾问的角色，并让小组领袖及组员在小组中担任主导的角色，自主筹备和实施活动方案。在最后一节，社会工作者恢复主导者的角色，引导组员分享在小组中的成长及反思，巩固其在小组所学。

小组过程中，社会工作者的角色转变，不仅组员需要慢慢适应，而且社会工作者本身也有一个适应的过程。社会工作者平日是开展活动的主体，在讨论、策划、分工方面非常熟悉，平时几分钟内完成的事情，而组员却要花费很长时间讨论和分工，有时候甚至会“跑题”。在这个时候，退居协助者角色的社会工作者会感到着急、焦虑，怕不够时间讨论，怕影响活动进度，甚至有直接告诉他们讨论结果的冲动。这时，社会工作者会提醒自己，要克服自己的焦虑，要相信组员的潜能，还要给时间让组员成长。只有在必要的时候，才能充当协调者和顾问的角色，给予专业意见，引导组员思考及探索、预估活动方案，协调社区及中心的资源。

2. 团队领袖的培养不可一蹴而就

在小组开展过程中，小组领袖第一次承担统筹社区活动的工作，在组织、统筹及协调方面的经验较为缺乏，对社会工作者的依赖较大。社会工作者一方面要舒缓其压力，另一方面也要给予支持并充当顾问。这次经历，让社会工作者明白了：虽然组员经过独立地开展社区活动，获得很大的成长，但是他们还不足以完全独立承担起策划、组织社区活动，他们依然需更多的实践和经验才能游刃有余；团队领袖的培养不能单靠一个活动或一个小组就完成，而是一个长期的持续的过程。因此，小组结束后发展为自助小组，通过开展系列性的活动或小组培养社区志愿者领袖，巩固其成长。

3. 善用小组工作技巧帮助大家

在小组中，常常会遇到与社会工作者预想不一样的情况，需要社会工作者采用一些技巧去“见机行事”，平衡组员的参与。如个别组员性格外向、有主见，也相对强势，无论是讨论还是游戏中都很自然地成为主导者，但有时候也会过于坚持自己的意见而忽略了其他组员的想法。此时，需要社会工作者采用“持平”技巧，当有其他组员提出建议时，重述其他组员提出的建议，从而使强势组员意识并考虑到其他组员提出的建议。如在针对“开展何种社区活动”进行“头脑风暴”时，个别组员暂时没能提供好的主意而沉默，社会工作者采用“支援”技巧，“某某，你虽然没有说话，但我看到你好像一直在思考，可以跟我们分享你在想什么吗?”这样，使得沉默的组员不至于在小组中因过于沉默而感到尴尬，而其他组员也认识到，他虽然没有发言，但是一直在努力地想点子。正是这些细微的技巧发挥作用，使小组氛围良好，推动小组的发展。

案例点评

社区发展建设日益引起人们关注，在这个主要依靠社会自治的领域，社区领袖的作用成为人们视线中的焦点，他们自然形成，既为社区发展建功立业，又对社区稳定产生影响。加强对社区领袖的引导与培育，已经是摆在各级党组织与政府面前的一项重要任务。社区领袖是指在社区发展中自发形成（有的经过培育)，能满足和反映社区群众的需求，影响社区思想、生活趋势的社区人物。社区领袖具有某些方面的专长或能力，愿意为社区公共事务无偿出谋出力，能够获得社区群众的支持和信赖。他们或有时间有精力，或有知识有能力，但绝大多数都有一个共同特点，就是能够代表一方社区群众的某些利益要求。社区领袖是现代社区中涌现出来的群众精英，引导得当能够成为社区建设发展的骨干力量。社区中的领袖人物通常都有强烈的帮助他人的愿望，但令他们困惑的是：他们对于帮助谁、如何帮没有清晰的概念，缺乏必要的技巧，一个人的力量是弱小的，他们需要一个组织。

本案例正是在此认识基础上展开策划和执行的。

社区领袖培训小组属于成长取向的小组。在社区工作中，既需要宏观的社区工作方法和技巧，还需要个案和小组工作方法和技巧。从另一个角度来看，个案管理是对社会工作者能力的一个综合要求。其中，成长小组为组员提供机会认识、扩展和改变自己思想，同他们进行交流互动，进而学习他人、提升自己。在成长小组内，小组是一个平台和载体，它使组员在社会工作者的指导下，通过系统的训练，学习与他人沟通、协商的能力，借鉴他人的有益经验，通过互动式学习，从而实现自我改善，发展个人潜能。成长小组的突出目标就是要求组员潜能发挥和合作意识的提升，前提是组员具有差异性且对共同目标达成共识。因而通过具有高度互信的沟通互动，使组员高度地自我表露，发现问题，合作解决，互动学习，最终实现个人和团队的成长。

成长型小组训练的核心特征是：有共识性目标、焦点问题与自我表露、沟通与互动式学习（团队合作意识）、社会工作者的角色变化、团队和个人的潜能发展。对于本案例而言，首先，社会工作者确立社区领袖培训的目标，并同培训组员讨论达成共识。小组目标主要包括增进组员的自我认识；增强组员的助人理念与技巧；提升组员的组织能力；培养和发展社区领袖，扩大中心服务深度和广度；提升中心志愿者自我管理、自我服务的能力。其次，活动设计非常重视组员之间的交流沟通，而这需要足够的自我暴露和充分表达以及合理的社区讨论话题的选择。通过这一环节，增加组员对自我的了解，增强小组团队合作能力及凝聚力，加强志愿者对本社区的了解，提高志愿者进行社区需求分析的方法和技巧，提升组员策划活动的能力，提升组员组织能力以及应对能力。最后，本案例中社会工作者的角色并不是自始至终保持不变的，而是随着小组发展阶段逐渐调整的。社会工作者在小组活动初期，主要扮演着领导者的角色，带领组员开展活动，掌握活动的开展节奏。中期，社会工作者将活动主导权交给成长小组，自己充当顾问，从旁予以协助和指导，鼓励组员探讨小组的可持续发展，通过亲身开展社区活动，发挥组员和成长小组的潜能，使组员能够获得经验，提升自我，最终实现成长小组的自我发展与自我管理。后期，社会工作者重新掌控小组活动节奏，总结小组活动情况，肯定组员的成长，进一步巩固组员的新认知、新行为，为培训活动结束做好准备，为小组活动的可持续发展发出倡议，这时社会工作者的角色则转变为支持者了。至此，一个具备潜能发挥、具有自我发展能力的社区领导团队就形成了。

对于社区领袖成长小组而言，要特别慎防“问题领袖”的出现。这包括领袖对组员不尊重、强迫组员参与、公私不分，把个人利益置于组织利益之上，不受组织约束，独裁专权、言而无信、工作过分集中于一身，形成超负荷状态和情绪问题，影响组织工作等。因此，社会工作者不应只满足于培育一两名居民领袖，而应该不断和尽可能多地培育社区领袖；在组织内建立和完善民主参与和检查机制，定好权责分工，避免工作过分集中，通过分工督导组员学习新的技能，从而成为有潜质的领袖，在组织内不断灌输民主意识和观念；建立良好的沟通和互相支持的文化，以加强彼此之间的支持。只有这样，才有助于把问题领袖的影响降至最低，组织的发展才更趋健全。

综合来看，本案例的成功之处在于活动设计合理，目标可行，活动紧凑，内容丰富，后续跟进及时，既涉及个人成长类环节，又涉及了团队合作培训，还将社区事务引入小组讨论，直指社区管理和服务问题。尤其是经过培训后，团队的自我发展能力得到了显著提升。社区领袖培训发展成自助小组，自助小组由组员负责召集及组织，一年来，保持每个季度开展一次集会的频率，有序开展服务。志愿者自我管理、自我服务的目标达成。此外，社会工作者的角色扮演比较成功，能够跟随小组发展阶段进行调整，很好地适应了小组的成长过程。不过，不足之处在于活动时间并不固定，这容易给组员造成不够认真的感觉。

附录：

小组过程记录

<table>
<tr><th>节次/日期/时间/目的</th><th>内容</th><th>小组过程记录</th></tr>
<tr><td>开组前</td><td>组员招募及电话会谈</td><td>招募组员时，社会工作者详细地向组员介绍小组，确保组员对小组的理念清晰明白，并澄清组员的期望，挑选合适的组员进入小组</td></tr>
<tr><td rowspan="6">第一节
5月26日
15：00～16：30</td><td>1. 介绍中心及小组、社会工作者自我介绍，澄清期望</td><td rowspan="6">小组7人报名，第一节全部出席
第一节小组，社会工作者作自我介绍及中心服务的介绍，并采用PPT表格的形式向组员介绍小组的理念、目标及安排，进而澄清组员的期望，因经过小组前的电话会谈，组员对小组的期望合理；组员刚进入小组，表现拘谨。社会工作者通过破冰游戏“大小风吹”，让组员的身体动起来，打破组员的安舒区，进而通过认识游戏“九宫格”促进组员间的互动与认识。破冰及认识游戏过后，小组气氛较为热烈，组员的情绪更为投入；组员投入小组后，社会工作者向组员澄清制定小组契约的目的与内容。最后，通过组员的讨论及社会工作者的引导，制定了小组契约，如准时参加每一节小组、尊重、保密、不批判及乐于分享等。继而，社会工作者通过PPT向组员介绍志愿者的基本理念和知识，组员投入；社会工作者向组员预告下节的小组目标是认识自我及了解自己的领袖特质，布置小组后的作业——九型人格测试，并向组员介绍该测试的做法</td></tr>
<tr><td>2. 热身游戏：大小风吹</td></tr>
<tr><td>3. 相互认识游戏：填写“九宫格”</td></tr>
<tr><td>4. 订立小组契约</td></tr>
<tr><td>5. 社会工作者用PPT向组员讲解志愿者的基本理念和知识（20分钟）</td></tr>
<tr><td>6. 布置作业：九型人格测试</td></tr>
</table>

续表

节次/日期/时间/目的	内容	小组过程记录
第二节 6月2日 15：00~16：30	1. 分享九型人格测试结果	出席情况：6人出席，凡有事请假 社会工作者向组员派发九型人格测试计分方法及各种人格的特征，邀请组员分享测试结果。燕表示测试是一家三口一起做的，测试有助他们一起人互相了解。萍表示测试表明她的主人格是“给予者”，认为测试结果与现实相符。社会工作者向组员解说，各种人格没有好坏之分，只是协助组员更好地了解自我；社会工作者向组员介绍团队合作游戏“高空飞蛋”的规则，并限时15分钟由组员自主完成。在游戏的过程中，社会工作者观察到，组员萍和谊很有想法，常提供不同的点子，萍在给予点子的同时亦会鼓励大家多分析；谊则较为强势，喜欢大家按照她说的方法去做。燕的动手能力很强，鼓励大家多尝试，但较为冲动。芹性格冷静，能冷静地分析组员的建议再推动大家行动。莲在小组里是配合的角色。吴阿姨则以年纪大为由游离在讨论之外。社会工作者多次鼓励吴阿姨参与到讨论中，亦鼓励组员邀请吴阿姨一同参与，最终吴阿姨参与到游戏中。最后，组员在加时的情况下成功完成任务，组员情绪高涨。社会工作者邀请组员分享自己在刚才游戏中的角色及对小组的发现。组员对自己的角色分享与组员观察的相近，同时组员也表达了对其他组员的发现及欣赏；在分享“领袖特质”时，萍表示测试表明自己是有效型领导，对结果感觉意外。燕表示测试表明自己是情感型的领导，反思过后，认为结果与现实相符，并认为有助其更深入地了解自我；社会工作者预告下节的内容是掌握社区的需求分析方法，并布置小组后的作业。小组后，社会工作者通过电话向凡介绍本节的内容及作业
	2. 完成团队任务：高空飞弹	
	3. 了解自我的领袖特质	
	4. 布置家庭作业：填写社区基本情况（人口、地区、社区组织等）	

续表

<table>
<tr><th>节次/日期/时间/目的</th><th>内容</th><th>小组过程记录</th></tr>
<tr><td rowspan="5">第三节
6月9日
15：00～16：30</td><td>1. 介绍社区的因素</td><td rowspan="5">出席情况：5人出席，燕与莲有事请假
组员在这节小组中接触的理论知识较多，社会工作者采取“实例＋小组讨论＋社工解说”的方式进行带领。这种方式有助组员了解这些理论知识
“砌图形”游戏有助组员沟通及投入小组；在讨论本社区的需求时，社会工作者首先引导组员说出观察到的社区现象，再教导其辨别现象背后的需求，最后以群体为单位把需求总结出来。经过这一过程，组员总结到，妇女有自我实现、儿童有成长、长者有丰富晚年生活、社区邻里关系改善等需求。后经过对小组进行SWOT分析，并经过社会工作者的引导，组员确定本小组优先解决的需求是改善社区的邻里关系；社会工作者预告下节小组的目标是根据本节小组探讨出来的需求进行活动策划，并布置作业让组员写出能进行活动的方案。小组活动后，社会工作者通过电话向燕与莲介绍本节的内容及作业</td></tr>
<tr><td>2. 团队沟通游戏：砌图形</td></tr>
<tr><td>3. 本社区的需求探讨</td></tr>
<tr><td>4. 需求的筛选</td></tr>
<tr><td>5. 家庭作业：组员根据讨论的“需求”写出解决需求的活动</td></tr>
</table>

续表

节次/日期/时间/目的	内容	小组过程记录
第四节 6月16日 15：00～16：30	1. 将组员分成两组，组员轮流分享家庭作业 2. 介绍活动计划书的撰写 3. 让组员针对将要开展的活动讨论出活动的目标、对象、地点及招募方式等 4. 引导组员根据组员的特长及在小组中的表现，选出小组中的领袖；澄清工作员（协调者、顾问及督导的角色）与组员（主导的角色）在开展接下来的活动时的角色与职责	出席情况：6人出席，莲因公司有活动请假 在方案选择讨论环节，社会工作者的角色由主导者转变为协调者的角色。为了充分发挥组员的潜能及让小组领袖“跳出来”，社会工作者安排了较长的时间让组员进行讨论，只是在组员提出疑惑或产生激烈矛盾时给予协调与指导。组员讨论热烈，其中，萍、芹和燕表现出领袖的特质，谊有想法，但总喜欢组员根据其想法进行。另外两位组员则是配合者的角色。经过讨论，最终组员决定将开展“跳蚤市场”活动；在推选小组领袖环节，组员一致推选萍和芹为小组领袖；因组员讨论的时间较长，组员关于“跳蚤市场”活动的详细讨论放在下一节由小组领袖带领讨论；推选后，芹表示对于小组领袖角色没有信心，组员了解到芹的担心背后是认为自己不像萍有想法，于是以芹在小组中的表现肯定及鼓励她，芹表示愿意一试；小组后，社会工作者通过电话向莲介绍本节的内容

续表

节次/日期/时间/目的	内容	小组过程记录
第五节 7月6日 15：00～16：30	小组领袖引导组员进行活动细节讨论，完成活动计划书及分工。社会工作者扮演协调者及顾问的角色	出席情况：6人出席，谊有事请假 本节的安排是小组领袖根据上节讲解的关于活动因素带领组员进行讨论。因两位领袖缺乏开展活动的经验，小组前，社会工作者教授两位领袖带领讨论的技巧，给予支援；小组整个过程由两位领袖带领，社会工作者在一旁观察，充当协调者、顾问及支持者的角色。组员在讨论到活动分工时，产生冲突，社会工作者协调双方解决冲突。组员因缺乏开展活动的经验，在设计活动程序时考虑不够周全时，社会工作者给予组员建议，引导组员思考程序的不足之处。组员在讨论的过程中发现，开展一场活动需要考虑的事情很多，产生挫败的情绪，社会工作者给予鼓励与支持，疏导组员的负面情绪；本次集会组员将讨论的要点大概探讨了一下，由于时间有限，未能深入探讨，决定下一节继续深入探讨。小组领袖带领组员进行分工，由于宣传的工作较为紧迫，先由凡负责设计宣传单；小组后，社会工作者提醒小组领袖把本节讨论内容告知缺席的组员并邀请其一起参与，小组领袖表示明白

续表

节次/日期/时间/目的	内容	小组过程记录
第六节 7月11日 15:00~16:30	根据第五节讨论结果进行的分工，各自汇报工作进度讨论筹备过程中遇到的困难及解决方法	出席情况：5人出席，谊和莲有事请假 本节的安排是小组领袖带领组员进行讨论。小组前，社会工作者了解到两位组员对于本节带领讨论的准备及需要社会工作者协助的地方，给予支援；小组整个过程由两位领袖带领，工作员在一旁观察，充当协调者、顾问及支持者的角色。组员各自汇报工作进度。萍和芹特意向其他搞过“跳蚤市场”活动的社区居民“取经”，完成小组计划书；凡完成活动宣传单，新颖的宣传单得到组员的一致赞赏，使组员对凡在小组内的沉默形象有所改观；由于宣传单未能在预期的时间内打印出来，不能放在小区门前进行宣传，组员计划活动前几天进行活动宣传单的派发。活动物资、场地、横幅、场地分布图、礼品等由社会工作者准备，已准备好。活动过程中所需的志愿者，由组员发动身边的家人朋友参与，已招募够；经过一轮讨论，组员发现，活动前期筹备完成情况良好，情绪高涨，对活动的顺利开展充满信心；本次集会后，组员的目标是集中力量进行活动宣传，但由于组员要兼顾家庭及工作，未能抽出足够的时间出来，报名亦未如预期理想。两位领袖向社会工作者表示担心，社会工作者引导两位领袖通过其他的渠道及充分鼓励组员的积极性进行宣传，如通过网络、亲友及派发宣传单等方式进行宣传，最终活动招募到30名卖家参加活动；小组活动后，社会工作者提醒小组领袖把本节讨论内容告知缺席的组员并邀请其一起参与，小组领袖表示明白

续表

节次/日期/时间/目的	内容	小组过程记录
第七节 7月21日 15：00～16：30	小组组员根据活动计划书开展活动，社会工作者扮演观察者及督导者的角色	出席情况：7名组员全部出席，招募的20名志愿者也有出席 活动前，萍与社会工作者一起为志愿者进行培训，社会工作者向全体志愿者介绍中心服务、本次活动的理念及社会工作者的角色，接着活动的培训及活动的开展皆由7名组员负责；刚到现场，因为场地比较晒，组员一时不知所措。两名领袖与社会工作者讨论后，果断决定将活动场地后移，活动顺利进行。莲和谊共同负责本次活动的主持，有效地调动现场气氛，特别是莲从头至尾坚守主持的岗位。芹负责儿童摊位的秩序，燕负责成人区的秩序，萍负责机动区的秩序及全场的监控，吴阿姨负责前台的咨询与登记，一名社会工作者辅助介绍中心服务。另一名社会工作者机动安排，对全场活动进行监控与观察。组员热情高涨，投入活动；活动现场，有未报名的参加者报名参加活动。活动共有32名卖家参加活动，活动参加人次有100多人次。活动获得参加者的一致好评

续表

节次/日期/时间/目的	内容	小组过程记录
第八节 7月28日 15：00～16：30	1. 活动反思 2. 提出小组的后续发展建议 3. 组员分享个人在小组中的成长，小组绘画成长苹果树	最后一节，组员全部出席。小组气氛在轻松中带有一丝离别的气息 社会工作者通过播放组员从参加小组到第七节的活动照片PPT带领组员回顾小组历程。组员在观看PPT时，眼中含泪。工作员邀请组员分享在小组中的感受及成长；谊表示很喜欢小组的氛围，表白了自己在小组中的改变，从开始的以自我为中心转变为以团队为中心；燕表达了对萍和芹的肯定与赞赏，认为两位小组领袖对小组的投入很多；表示小组让其成长了很多，亦表示既要兼顾工作家庭又要兼顾小组，感觉很难；萍表达了对凡的赞赏，并认为凡开始在小组里很安静，但是在投入活动的过程中却很愿意付出；芹表达了对莲的赞赏，认为莲在活动中主持的表现有助活动的顺利开展。吴阿姨表示自己年纪虽大，但是在小组中也有很多的成长，如与年轻人沟通；此外，组员也对活动中的不足提出建议，如宣传不足、小组时间安排等；社会工作者欣赏组员表达对其他组员赞赏的行为，也肯定了组员一路走来获得的成长，也自我剖白社会工作者在带领小组过程中的感受与成长。小组氛围温馨；社会工作者带领组员探讨小组的后续发展，最终达成共识。小组结组后，以“自助小组”的方式运行，小组每个季度举行一次聚会，内容包括组员交流及定期开展“跳蚤市场”，是一个开放性的小组，其他的志愿者亦可以加入小组。自助小组由组员轮流负责召集及主持，两位社会工作者退居二线，只是负责小组的行政及对小组领袖进行督导及顾问的工作

失地农民的社区参与：居民理事会制度的构建与完善

——以江西某失地农民社区D村为个案

江西上饶师范学院社科部　聂洪辉

在我国城镇化进程中，失地农民问题已经成为当下需要严肃面对和迫切需要解决的问题，这一庞大群体也引起了社会的特别关注，农村集体土地征用过程中农民权利拥有和行使的实际状况不容乐观，有些失地农民权益得不到合理保障。为此，建立具有草根组织性质的居民理事会制度，是基层协商民主实施的重要表现形式，也是促进农民以利益相关者身份积极参与社区事务，维护自身权益的重要探索。

一、背景介绍

2004 年，江西省某县级市扩张，把城郊 5 个村民委员会的 17 个自然村（1 万多人）纳入了新城区规划。在短短的一年中，这些村庄的所有土地全部被征用。当地政府征用土地的补偿标准是每亩地 13000 元。然而，这些钱没有全部分到农民手中，而是按 15% 的提留除去留在集体的那一部分后，再分给农民。一般的村民委员会都有近 100 万元集体资金。当时，地方政府是以农民进城后要壮大集体经济和提高村民福利为由将征地补偿款留在村民委员会的。由于村民委员会有地方政府的支持，虽然很多农民有意见，但也无可奈何。事实上，将这么一大笔钱留在村民委员会，村民的担心是有道理的，因为各地村务公开形同虚设，村民根本无法监督村干部。村民有目共睹的是，村民委员会干部并没有用这些钱投资办集体企业，反而村干部的待遇日益提高，村民委员会的接待费用也随着镇干部的经常到来而增加。随后，各村又出现了许多新问题，有的村民委员会的村干部还把村集体的钱拿去放贷，增加了集体资产的风险。还有一个村管理极不规范，征地补偿款竟然被一名村干部以个人名义存在银行，在该村干部住院期间，被他儿子取走 14 万多元并全部花光。这些事情使得村民对留在村民委员会的征地补偿款十分担心，如何使土地补偿款保值增值成了所有被征地村民考虑的问题。

笔者在调查中发现，在这些村中，D 村（包括笔者父母居住的村庄和另外3个村庄，后来这里的农民住进了政府的安置小区，村庄被改为居民委员会，但为论述方便仍称其为D村）对留在村集体的征地补偿款的管理经验值得借鉴。这个村的成功之处在于，把土地补偿款的监督管理权与使用权进行分离，很好地起到了监督与制约作用。该村在得到征地补偿款后，在村集体留下了近80万元。在村民的强烈要求下，这部分钱没有交给村民委员会干部（后改为居民委员会干部，为论述方便下文仍称其为村民委员会干部）管理，而是由失地农民选出的6位代表组成的理事会管理。理事会没有支配和使用补偿款的权力，也不拿工资，主要负责保管、监督和审批工作。村民委员会干部如需要动用征地补偿款，则必须向理事会申请，并提出正当理由。如果所需费用在5000元以下，理事会经过讨论，觉得可行或合理，则批准并支付相关费用，同时在村里张榜公布详细开支情况；如果遇到重大事件，所需费用在5000元以上，理事会则要召开全体村民（其实是每户的家长）会议，由全体失地农民决定是否支付费用。由于理事会成员都是由失地农民推选出来的，因此基本能反映民意。更重要的是，失地农民在选举的时候可能也考虑到了家庭背景因素，因此所选出的代表都是德高望重的人，其中有几名还是已退休的乡镇干部，并且家庭经济状况很好。因此，村民理事会成立以后，由于理事们努力工作，认真履行职能，因此很好地起到了对村民委员会的监督制约作用。

二、村民理事会在运作中产生的问题

其实，D村理事会在成立之初，地位就比较特殊。一方面，其职权由村民和村民委员会口头达成协议，没有成文；另一方面，理事会成立的目的就是监督村民委员会，管理集体的征地补偿款，制约村民委员会的权力，显然与村民委员会关系十分微妙。村干部对理事会的成员也颇有微词，因此，虽然理事会在最初发挥了积极作用，但时间一长，问题也就显现出来。

1. 理事会的工作积极性下降

一些理事会成员平时较忙，常常在开理事会会议时请假；还有几个理事会成员认为自己原来当干部时，没有人为难自己，现在自己退休了，如果办事太认真，就会被人说有意为难现任村干部。此外，还有一个原因导致理事会成员的工作积极性下降，那就是待遇问题得不到解决。比如，理事会成员没有工资。再如，有时理事会的会议到中午才结束，村干部曾留他们吃饭，村民平常就会说“又多养了几个干部”，而理事会成员则会认为，自己辛辛苦苦干了一天的活却没有饭吃，或者因为吃了一餐饭还被人说闲话，他们的积极性自然就降低了。

2. 理事会对社区事务的参与程度不够

按照理事会成立时的口头协议，理事会只有对征地补偿款的管理权和审批权。事实上，村民委员会作出一个决策以后，理事会再审批经费，这从程序上看没有问题。但理事会成员认为，很多社区事务由村民委员会决定，理事会对其并没有知情权，更没有决定权，由于对整个过程不曾参与，因此很难确定一些决策是否合理，使得监督很不到位，审批基本上就变成了同意，如果决策失败或不得民心，自己还要跟着背黑锅。并且，由于理事会参与程度低，在群众询问时，理事会成员常常没有一个统一的意见。因此，理事会成员要求有社区事务参与权。

3. 代表人数较少，不具有广泛的代表性

虽然理事会成员是由社区居民自己推选的，但当初成立理事会的目的是要选出代表来约束村干部的权力，防止集体资产流失。正是由于这种权宜性，村民在选择代表时没有充分考虑到代表的广泛性。实际上，在农村，宗族观念仍然非常浓厚，即使村民变成了失地农民成为城市人，这种情结在短期内也并难以改变。村民认为，只有与自己同一宗族的人或者在同一宗族内与自己同一房的人才能代表自己的利

扩展阅读

四川成都的村民议事会

基层社区的行政化倾向使得村民委员会的自治功能减弱，农民对它的认同度和参与度下降。这是当前中国农村基层社会治理面临的首要问题。然而，四川省成都市通过在基层农村中开展村民议事会活动，以建立村民议事制度为突破口，积极构建村级治理机制框架，变“代民做主”为“由民做主”，逐渐探索出一条集思广益、民主决策和村民自治的新路子，在农村社会管理方面积累了很好的经验。具体来说，成都作为国家农村改革综合实验区，面对着农村基层社会治理的普遍困境，2008 年决定鼓励一些区（县、市）县自行探索村级治理的新机制。双流、邛崃、彭州等地农村很快诞生了“村民议事会”，用于应对由于产权划分所产生的各种村民纠纷。

益。据笔者分析，当时村民选择老干部，确实带有功利性的目的，他们希望借助于老干部来约束现任干部。理事会成立并得以正常运转以后，村民的要求自然就提高了。由于普通村民代表较少，各宗族代表和同一宗族内各房派代表分布不均，因此很多村民提出要改变代表产生办法，要求各房都有一个代表，这样才能保证理事会的广泛代表性。

三、居民理事会制度的构建与完善

笔者在对 D 村村干部进行访谈时发现，他们对理事会的态度由当初的抵触转变为接纳，因为他们从其他村转居社区的重重矛盾中意识到了民意的重要性，虽然理事会的运作存在一些问题，但理事会成员在做群众工作时比自己更有利、更易取得群众的信任，同时也减轻了自己的工作压力；通过理事会的监督工作，也减少了村民对村干部的非议。而理事会出现的问题如何解决以及相关制度如何健全，正是他们思考和要解决的问题。笔者在收集资料时了解了村民的意愿，提出应该制定一个书面形式的详细的"居民理事会章程"。后来，村干部认为应将其名称改为"村规民约"，因为前者过于规范化，不适合宣传，后者则更易被村民接受。最后，由笔者起草，经村民委员会和理事会成员讨论并修正，D村于2006年春节后召开村民大会，讨论并通过了"村规民约"。后来笔者对其实施情况进行调查时发现，理事会工作正常进行，村民反映良好。"村规民约"的主要内容如下：

1. 理事会的定位

理事会是村民代表机构，村民可以随时向其反映自己对社区的要求和建议（也可以直接向村民委员会反映），理事会有责任向村民委员会和上级机构反映村民的要求和建议。除村民委员会的一些行政职能以外，理事会对本社区事务有完全的参与权，与村民委员会互相配合、互相制约。

2. 理事会的职能

其职能为"参与管理，监督干部，说服群众"。鉴于前期理事会对社区事务参与程度低，"村规民约"明确规定，理事会对本社区的事务（非政府事务，仅指本社区的民间事务）有知情权、决策过程的参与权和表决权。理事会成员负责在决策实施过程中监督村干部，将以前的口头协议正式写入"村规民约"。最后，对于根据绝大多数村民意愿作出的决策，理事会成员必须向本房派成员做好解释工作，特别是要对有不同意见的村民做好说服工作，工作成绩作为年终发奖金的依据之一。

3. 理事会成员的产生办法和任期

D村安置区由4个自然村组成，有4个宗族共7个房派。在留下现有的 3 个理事会成员的基础上，每房选出一个代表加入理事会，每个理事会成员任期一年但可连任，年终由理事会成员所在的房派决定下一届的人选，村民委员会和理事会对此只有建议权而没有决定权。

4. 理事会成员的待遇

其待遇计算方法为“误工记工”，即理事会成员因社区事务而影响了自己的工作或休息时间时，集体每日给予补助 30 元，以半日为记工单位，少于半日算半日，多于半日算一日，但平常做群众思想工作不计在内。“记工”就是把误工的数量记在账上，年终结算，一次结清。据估算，每位理事会成员一年的报酬大约为 800 元。另外，如果集体资产运转良好，工作成绩明显，则可以发奖金，但奖金不能超过年工资的一半。

5. 村委会干部的待遇

针对村民担心村民委员会干部随意支配集体资金的状况，“村规民约”作出此项补充。在 2006 年年底，根据村民的意见，村干部把留在集体的钱全部拿出来买了店铺出租，加上土地入股的集体资产收益，D 村一年的收入大约是 100 万元。当然，到目前为止，村集体的账上并没有那么多的钱。例如以土地入股的资产，在 30 年后才能收回土地上的建筑物归本社区所有并自己经营。根据村民的意见，为了提高村干部为集体作贡献的积极性，“村规民约”规定村干部的工资、接待费等从本社区自己成立的物业公司收入中支付，但要先支付全体村民的物业费用和理事会成员以及其他成员的工资，剩下的再支付村干部的工资和接待费。如果没有剩余，则村干部没有工资。集体资产分红收入和房租收入归为集体所有，或存入银行或进行再投资，但不用于支付这些支出。村干部如果使本社区的公司赢利，则可得到 10% 的提成作为奖金，最高额可以等于全年工资（约 8000 元），但不超过全年工资，村民委员会向上级机关争取的资金按规定处理。

知识链接

罗伯特议事规则

❖动议中心原则：动议是开会议事的基本单元。“动议者，行动的提议也。”会议讨论的内容应当是一系列明确的动议，它们必须是具体、明确、可操作的行动建议。先动议后讨论，无动议不讨论。

❖主持中立原则：会议“主持人”的基本职责是遵照规则来裁判并执行程序，尽可能不发表自己的意见，也不能对别人的发言表示倾向（主持人若要发言，必须先授权他人临时代行主持之责，直到当前动议表决结束）。

❖机会均等原则：任何人发言前需示意主持人，得到其允许后方可发言。先举手者优先，但尚未对当前动议发过言者，优先于已发过言者。同时，主持人应尽量让意见相反的双方轮流得到发言机会，以保持平衡。

❖立场明确原则：发言人应首先表明对当前待决动议的立场是赞成还是反对，然后说明理由。

❖发言完整原则：不能打断别人的发言。

❖面对主持原则：发言要面对主持人，参会者之间不得直接辩论。

❖限时限次原则：每人每次发言的时间有限制（比如约定不得超过 2 分钟）；每人对同一动议的发言次数也有限制（比如约定不得超过 2 次）。

❖一时一件原则：发言不得偏离当前待决的问题。只有在一个动议处理完毕后，才能引入或讨论另外一个动议（主持人对跑题行为应予制止）。

❖遵守裁判原则：主持人应制止违反议事规则的行为，这类行为者应立即接受主持人的裁判。

❖文明表达原则：不得进行人身攻击、不得质疑他人动机、习惯或偏好，辩论应就事论事，以解决当前问题为限。

❖充分辩论原则：表决须在讨论充分展开之后方可进行。

❖多数裁决原则：（在简单多数通过的情况下）动议的通过要求“赞成方”的票数严格多于“反对方”的票数（平局即没通过）。弃权者不计入有效票。

四、结束语

经过调查，笔者发现，征地以后，当大量征地补偿款留在村民委员会时，村民的民主意识和参与意识明显增强，这是产生理事会的重要前提。在征地前，村民委员会获取资源的渠道有限，村集体经济非常弱，虽然有时农民的利益会受到村干部的侵害，但农民经过成本—收益计算后，并不愿意为区区几百元的损失而奋起抗争，得罪村干部和乡镇干部，因为这将使他们付出更大的代价。也就是说，农民是否愿意参与村民自治、是否愿意维护自己的权利，是经过理性计算的。他们所能承受的损失有个阈值，这个阈值取决于他们的心理承受能力。当其损失超过这个阈值时，他们就会站出来维护自己的利益。因此，在征地以后，随着集体资产增多并且关系到村民的切身利益，村民的维权意识增强。D村成立理事会，可以说是为解决这类问题提供了可借鉴的经验和有益的启示。理事会的成立使村民表达利益诉求的渠道更加顺畅、更加理性、更加规范，无形之中把村民的意愿纳入了可控的范围，同时也有利于改善干群关系。

通过本案例可以看出，社会工作者制定的“村规民约”在实践中确实起到了上述作用。这也是今后社会工作者进入失地农民社区的一种有益探索。本案例充分运用了失地农民同质性强、宗族认同感和凝聚力强的优势，减少了社区冲突，降低了社会成本。理事会的成立为失地农民提供了尊严、平等和社会公正的保证。

议事协商会程序

程　序	主要内容
征　集建议案	统一印制建议案表，面向地区居民、社会单位、社会组织发放并回收。形成《社区建议案征集报告》。这一程序在街道问政办的组织下由社区党委和居委会牵头完成。征集的办法包括入户征集、媒体征集和其他征集。在完成征集的基础上，对建议案整理归档，形成《社区建议案归档报告》
评　审建议案	1. 社区评审。包括以下内容：审查报告，听取并审议《社区建议案征集报告》《社区建议案归档报告》。评审建议案，按照街道有效建议案标准，提出无效建议案。建议案排序，对建议案进行排序。由社区党委、居委会召集社区协商议事会完成 2. 街道集中。包括收集各社区建议案，对建议案集中归档，形成《街道问需工作报告》。由街道问政办完成建议案的集中工作 再次，行政计划。根据建议案和可行性原则，由街道办事处拟订《本年度实事工程计划》（征求意见稿）。由街道问政工作领导小组完成。 3. 街道评审。召开建议案初选协商会，审查街道问政办公室所作《本年度街道问需工作报告》；审议并修订街道问政工作领导小组所作《本年度实事工程计划（征求意见稿）》。由街道问政领导小组和建议案评审委员会完成 4. 实地调研。街道问政办公室组织办事处干部、评审委员会委员就《本年度实事工程计划（征求意见稿）》争议议题，开展可行性实地研究，修订并形成《关于本年度实事工程计划的意见》。由街道问政办完成

续表

程　序	主要内容
确　认建议案	包括两个阶段，第一阶段受理建议案，由街道办事处召开主任办公会，正式受理建议案，修订并完善《关于本年度实事工程计划的意见》，导入行政程序。第二个阶段，答复建议人，街道办事处发布《关于本年度实事工程的公告》，公开答复建议人。由街道办事处、社区居委会完成
筹组问政议事协商会	包括四个步骤：推选问政议事代表、审议议事代表资格、问政议事代表议事规则培训、优秀建议人评选
召开问政议事协商会	第一，社区发展建设资金项目协商会，由街道召开社区发展建设资金项目协商会，各社区议事代表就社区发展建设资金申报的项目进行陈述和答辩，由全体代表票决社区发展建设资金项目入围资格 第二，问政议事协商会（问政大会），评议街道办事处上年度问政协商工程执行效能与工作表现，表彰上一年度优秀建议人，对本年度问政实事工程项目进行协商问计，最终形成决议。由街道问政办公室召集街道问政议事协商会完成
公　示	向地区公示《本年度实事工程计划的决议》，公示《关于社区发展建设资金项目名录的决议》。由街道问政办完成
办　理	街道、社区履行年初承诺，办理实事工程项目和社区发展建设资金项目。由街道办事处和社区两委一站完成
监　督与问责	街道办事处、社区居委会就年度实事工程项目和社区发展建设资金项目接受街道问政议事代表和社区协商议事会议事代表的监督与问责。街道办向街道协商议事会负责，社区向社区议事协商会负责

（来源：根据“北京市朝阳区麦子店街道‘问政’实践”整理获得。）

案例点评

社区参与属于社区建设的范畴。社区参与的发展与我国的社区治理体制和居民民主意识提升有密切的关系。改革开放以来，我国社区治理体制先后经历了“单位办社区”、社区服务、社区建设和协商共治阶段。在1978年后，受到之前体制因素的影响，“单位制”仍在此后一段时间内构成了城市社会管理的基础体制。城市社区以单位为边界进行分布，同一单位的干部职工居住国家和单位提供的统一住房中，社区的管理由单位指派退休和无业的单位职工来开展。这些人对单位具有归属感，对社区的管理依托单位展开，是一种业余的志愿性工作，同时社区内的相关设施维护与服务需求由单位后勤部门负责，单位是社区的业主。在20世纪80年代后，由于改革的需求，很多单位陆续放弃对社区的资源供给和物业管理，国家开始提倡社区服务。而社区服务的本质强调社区居民的自我服务和自我管理。当时社区服务政策的实施面临先天不足的问题，就是社区组织和居民长期缺乏物质积累和经验来开展自我服务。为此，在20世纪90年代后期，民政部力推社区建设政策，督促政府各个部门、辖区企业组织等外部资源供给者参与社区建设。概括来讲，社区建设是社区服务深化发展的产物，它随着我国城市社会经济的飞速发展应运而生，发轫于20世纪八九十年代的社区服务热潮。从此之后，社区服务进入千家万户，深受群众欢迎，为方便城市居民生活起到了积极的作用。但随着改革的深化和社区服务的发展，原有的社区服务项目已不能满足群众日益增长的物质和文化方面的需求，其他社区工作，如社区卫生、社区文化、社区治安等也迅速开展起来。社区服务的概念已经包容不了全方位的社区工作，也不能从根本上解决城市基层社会管理薄弱的问题。因此，进入新21世纪以后，国内部分城市开始探索社区管理和服务的新体制。这一阶段以政府购买社区服务、社会组织参与社区服务提供为特征，社区管理日趋民主化，社区居民对公共事务的参与程度有所提高，突出地强调协商民主、多元共治。

社区参与就是社区居民群体地、自发地、持续地、合法地通过一定的途径和形式参与社区的各种组织和集体活动，参与社区事务的决策、管理和监督等。社区居民对公共事务的参与构成了社区治理的重要方面，社区参与不仅是“共同体”意识的体现，同时也是推进社区自治进程的关键之所在。学界对社区参与的研究主要关注的是社区参与的主体、动机、机制、成效，即谁在参与、为何参与、如何参与、效果如何。

对我们国家而言，社区参与困境的历史由来已久，早在20世纪30年代的时候，梁漱溟先生倡导“乡村建设”运动时就曾遭遇到类似的状况。而现代社区参与困境首先表现在参与群体较少，主要以“一老一低一少”或者“一老一少一弱一闲”等群体为主，中青年人的活力没有被很好地调动起来。其次是参与程度不深，目标层次较为低级，大多数情况下只是参与社区的娱乐性活动而非权益性的决策、监督与管理。究其原因，主要有两个方面的制约因素。其一是客观性、制度性因素的障碍，包括三点：一是既有社区管理体制的行政主导性过于强烈，制约了社区内部整合作用的发挥。单位制不但消解了凝聚社区居民有机团结的共同利益，同时也降低了居委会发挥自治功能在居民心目中的合法性地位，长久的行政管制使居民过度依赖政府。二是参与渠道缺乏，无法为社区居民参与提供制度上的保障，难以满足社区参与向纵深发展的需要。三是社区工作专业人才队伍缺乏，社区工作者年龄结构较差，多为年龄偏大者，思维陈旧，方法老化，单纯的说教很难调动起现代社区居民的参与热情，动员型的参与机制限制了居民社区参与的积极性。其二是主观参与意识淡薄的限制，包括两点：一是中国传统文化缺少“公德”的伦理基础，因此，很难发育出需要“公共意识”的“社区意识”，而只能是“单位意识”；二是参与期望与参与现实之间的强烈落差，影响了社区居民参与的热情。

本案例中，征地过程中村干部以种种理由把大量的征地补偿款留在村民委员会，这滋生了村干部的败德行为和集体资产流失的风险。为了使集体资产保值增值，该村成立了理事会，监督和管理集体的征地补偿款。社会工作专业研究者凭借专家的身份，指导社区制定了一份详细的“居民理事会章程”，以书面形式呈现。在此基础上，经过村民大会审议，讨论并通过了“村规民约”。该“村规民约”明确了居民理事会的定位和职能，规定了理事会成员的产生办法和任期，确定了理事会成员的待遇和村民委员会干部的待遇。

由居民选举产生的居民理事会是社区参与式民主的直接体现，再造了社区参与规则与制度，是社区协商民主发展的重要进步表现。它具有社区共识性民意基础，因此，对于当地问题的解决，起到了很好的推动作用，规范了社区集体资产的使用，促进社区和谐，减少了社区冲突。但是，本案例中的制度建设仍存在很多问题，尤其是社区参与程序和步骤仍缺乏详细规定，这反过来说明参与过程具有很强的随意性，而缺乏规范性，程序规范性不足使得理事会成员不能充分参与。根据“村规民约”产生的社区理事会成员，因其志愿工作性质，而承担了来自自身和社区的压力，表现出了很强的动摇性，这也暴露出社区参与的程度仍旧不深入的问题。此外，这也提出了一个新的问题，在一个充满道义与宗族色彩的熟人社区中，社区参与式民主到底是否真的可行的问题。换言之，社区协商共治能否超越传统宗族势力的束缚，这将是对推进农村地区社区参与工作的直接考验。

戏剧传温暖　爱心铸非凡

——YMCA 戏剧小组的成长蜕变

上海华爱社区服务管理中心　倪竞娴

在助人中体会快乐，这绝不仅是社会工作者和志愿者的独有权，现代都市的活跃者——白领，也有这样的需求和愿望。而志愿组织的运营不佳，让身在其中的白领们虽有一番能力和热情，但却无力、无处施展。专业社会工作者的成功介入使 YMCA 戏剧社发展壮大，更使白领们获得了前所未有的快乐。

一、背景介绍

（一）小组背景

YMCA 上海青年会戏剧社是 YMCA 所属的一个白领团体。Y－YOUNG（年轻），M－MAY（可以），C－CREATIVE（创造），A－ART（艺术），这是对“YMCA”的另一种诠释。

YMCA 上海青年会戏剧社成立于 2002 年 7 月，以学习戏剧理论、表演基础练习、演出参与等形式，普及表演艺术知识，倡导志愿服务精神，通过参与使更多的年轻朋友了解公益，奉献爱心。剧社的宗旨是：“戏剧传递温暖，爱心铸就非凡。”

YMCA 上海青年会戏剧社虽然成立时间已久，但是参与人员及活动设计一直不固定，且剧社缺乏组织结构，这样并不利于剧社内的新人加入及长期发展。社会工作者介入到剧社之后，观察到剧社原有存在的问题，进行了一系列改变，使得戏剧社更有活力及生命力。此案例旨在描述社会工作者在协助小组发展过程中所充当的角色及发挥的专业技能。

（二）小组名称

YMCA 青年会戏剧社。

（三）活动对象

年龄 22～35 岁，喜欢表演艺术，热爱社会公益的白领人士。

（四）小组活动时间

2012 年 2 月 11 日～2012 年 12 月 1 日。

每周二晚 19：00～21：00。

（五）小组参与人数

20～30 人。

（六）社会工作者

倪竞娴。

二、分析预估

来到青年会参与剧社活动的这些白领们，也正代表着上海一群年轻白领的生存现状。80 后一代毕业后踏入社会参与工作，面对职场和生活有诸多压力，或许在社会中仍迷茫找寻不到自己的角色。这是年轻白领普遍遇到的问题：生存的压力，交友的困惑，从这个角度来看，白领也属于这个社会上的“困难群体”，他们同样需要服务，需要空间去缓解压力。除了在大学时根据自己兴趣选择的社团活动，如今他们也会去寻找一个答案，不知自己能否在踏入社会后还能热衷或投入于一项兴趣爱好且执着追求？有什么能持久吸引这群年轻人呢？

社会工作者对于服务对象的分析预估为，他们所需要的：1. 富有趣味的活动内容；2. 明确的目标：用戏剧传递温暖，服务社会有需要的群体；3. 志同道合的朋友。而这三点，正是维持一个小组持续发展的根基。

三、服务计划

（一）服务目标

1. 小组总体目标

（1）发挥剧社成员的能动性，通过参与“青年会戏剧社先锋队”，锻炼义工领袖能力，培养青年领袖。

（2）为白领提供更多有趣味性的活动，通过参与活动发掘自身潜力，释放天性；培养成员间的团队合作能力。

（3）提供给白领参与公益服务的平台，通过戏剧表演的形式服务社会有需要的群体。传递公益，倡导公益。

2. 小组阶段目标

（1）2012 年 2 月 ~3 月，在剧社内招募先锋社员 4 ~5 名，成立“青年会剧社先锋队”，管理剧社日常事务。

（2）2012 年 4 月 ~5 月，通过先锋社员在剧社内的职责担当，规范小组日常运作，丰富活动内容，建立新的小组运行模式。

（3）2012 年 5 月 ~7 月，通过排练话剧《天堂隔壁》，增进小组凝聚力及归属感。

（4）2012 年 7 月 ~8 月，在社区内演出《天堂隔壁》，扩大戏剧社影响力，募集资金捐助于“一公斤”公益机构五星计划。

（二）服务策略

根据小组成员的特点和小组现状，社会工作者的服务策略为依据社会工作专业理论——小组动力学理论，介入运用到整个小组工作中。

小组动力是某个小组形成的原因，以及维持小组功能的一种力量或方式。小组动力描述小组在实现目标的过程中，参与小组生命发展的各种负责力量及其交互方式，这个过程包括小组的形成、发展、冲突、成熟、结束、跟进等所有过程。

知识链接

团体动力学

团体动力学一词最初由勒温于1939年提出。在他发表的《社会空间实验》一文中首次使用了“团体动力学”这个概念，借以标明他要对团体中各种潜在动力的交互作用，团体对个体行为的影响，团体成员间的相互依存关系等去进行一种本质性的探索。团体动力学的基本概念是生活空间，它包括人与环境。但人既是个体的存在，也是团体的存在；而环境既是物理的、心理的，也是社会的。个体不是孤立的个别属性的机械相加，它是在一定的生活空间里组织为一定完整的系统。团体动力学主要包括五个方面的内容：团体内聚力，团体成员之间的相互影响力，领导方式与团体生产力，团体目标与团体成员动机以及团体的结构性。

小组是一个动力整体，应该把小组的每个部分放在整体中进行研究。小组利用小组所产生的动力来达成工作目标，小组过程中那些复杂的互动式的形态和动力变化，是小组工作发挥作用的基础。

小组动力因素及其流程模式（见下页图）：

小组动力学对小组工作的启示：

（1）民主型是小组工作的主要领导形态。

（2）共同活动能增进小组的凝聚力。

小组动力因素及其流程模式

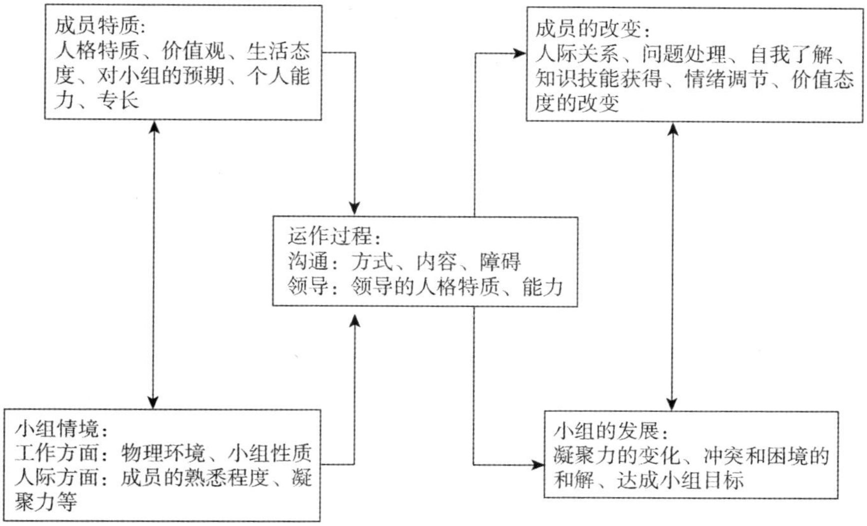

在社会工作者刚介入戏剧小组的时候，以参与者的角色介入到每次活动中，与剧社成员们一起活动，通过这种形式让组员逐渐接纳社会工作者这位“空降兵”。在社会工作者参与剧社活动的同时，也对剧社有了一些观察：资深会员介绍了之前剧社排演得不错的剧，欠缺的地方是组织结构过于松散，或者说几乎没有组织机构，这样不利于新社员的融入和参与，也不利于话剧社的发展，分工不明晰。

介于这些观察，社会工作者考虑采用小组动力学的理论模式，重整剧社的日常活动。根据上述小组动力的五个因素：小组组员的特质、小组情境的发生、小组运作过程、小组成员改变及小组发展，均是决定小组能否有生命力、持续发展下去的关键。

戏剧社成员具有鲜明的特点，是年轻、富有朝气的白领，同时有一定的自主意识。每位组员都有自己在戏剧或表演艺术方面的专长；但小组性质决定了小组内只有小部分的凝聚，由于没有核心来引领小组的有序发展，自然而然会产生多个次团体。鉴于这两方面原因，社会工作者从“运作过程”的沟通和领导方式这两部分着手，着重组员的改变及小组的发展。

先从剧社的组织结构模式上，采用民主型的领导方式，即建立一个义工领袖的队伍，社会工作者也是领袖队伍中的一员。由该领袖队伍（上海青年会戏剧社先锋队）来负责整个剧社日常事务管理：包括小组契约制定、小组人事管理、小组培训负责、小组外联工作等。以此来带动整个小组的发展，力图通过每次活动吸引社会白领参与，同时扩大机构服务的辐射面及影响力。

四、服务计划实施过程

（一）具体实施方案

阶段	时间	目的	达成方式
第一阶段 观察期	2012 年 2 月	1. 了解小组原有运行模式 2. 与小组成员建立关系	1. 参与每次小组活动 2. 了解小组成员特性与小组情境
第二阶段 改革期	2012 年 2 月 ~3 月	1. 建立新的小组目标 2. 在小组中选举义工领袖，建立“青年会戏剧社先锋队”，并推选义工领袖管理小组日常事务	1. 召开小组会议 2. 提出改变策略 3. 招募义工领袖 4. 建立小组契约
第三阶段 磨合期	2012 年 4 月 ~5 月	1. 改变小组内的沟通方式与小组领导模式 2. 处理原有小组成员间的冲突，澄清小组目标 3. 重塑小组凝聚力	1. 召开小组领袖会议 2. 社会工作者发现冲突并介入处理，改变小组成员间的人际关系 3. 确认小组新的运行模式并尝试开展
第四阶段 成熟期	2012 年 5 月 ~9 月	1. 巩固磨合期的运行成效 2. 安排有意义的活动内容，鼓励小组成员共同参与活动	1.《天堂隔壁》话剧排练及顺利演出 2. 鼓励小组成员共同参与剧组活动并找到自身在剧社所属的角色

续表

阶段	时间	目的	达成方式
第五阶段 评估期	2012 年 12 月	评估小组新运行模式的成效	1. 小组活动参与人数 2. 小组成员反馈

（二）小组发展状况

在第一阶段观察期中，社会工作者了解了小组成员的特性和当时的小组情境，并把这些观察在小组会议中分享，当时正逢 2012 年年初，剧社正在制订全年活动计划，社会工作者将自己的观察在小组会议中提出。且在观察期间社会工作者关注到剧社几位积极的组员，他们主动提出愿意为剧社承担责任，对青年会的理念和背景熟悉并认可。无奈“有力无处使”，因此大家共同决定成立“戏剧社先锋队”，在剧社内招募积极的义工参与，分别负责人事、外联、培训、宣传、财务等工作。

进入到第二阶段的改革期，建立新的小组目标，并把“戏剧社先锋队”的概念传递给剧社其他组员。此阶段及第三阶段的磨合期，是小组进程面临困难的时期。当社会工作者公开招募组员，鼓励加入“戏剧先锋队”的时候，得到了部分组员的支持，但当社会工作者宣布戏剧先锋队成立之时，却遭到了剧社其他成员的反对。反对的理由是：不愿接受小组内的“等级差异”——即先锋社员与普通社员的区别，认为参与小组的每个人都应该是平等的；不愿有太多规矩及契约的束缚，如出勤率考核等，更愿意维持过去小组自由发展的形式；不认同剧社为困难群体服务的目标。

当小组内出现不同意见时，每个人都在表达自己的看法，不同声音的撞击一直持续到各自回家后网络上的讨论。有组员认为过去轻松愉悦的氛围将不复存在了，对剧社将来的发展深深“担忧”；有的组员认为原本只是一个白领下班后聚会的场所，大家一起玩戏剧，一同吃饭聊天唱歌，为何一定要“正儿八经”地安排计划，制定契约，开展活动去服务困难群体呢?

面对这些小组发展中的障碍，社会工作者所采取的处理方式：

（1）分析冲突发生的原因：小组成员原先参与小组活动前，就没有对小组的目标和机构理念有清楚的认识，所以每个人自然会有各自的看法。但冲突的发生不是坏事，如能够合理解决冲突，可以促使小组成员间的关系更加紧密。

（2）澄清目标，减少组员的不合理认知：社会工作者可以借此机会，向所有小组成员澄清小组目标和机构的理念及使命，确保认同理念的小组成员留下来。社会工作者所采取的方式是给所有戏剧社的成员呈上一封《致戏剧社成员的公开信》。在信中，社会工作者针对小组成员发生的矛盾冲突点，予以澄清和说明。指明的关键点：①“先锋队”的成立并不是等级制度的表现，而是鼓励一部分积极的组员以义工角色为大家服务。突出“仆人领袖”理念。②制度的制定不是为了束缚人，人才是整个小组的核心。因此制度的建立是为了推动小组成长，更好地为“人”服务。③以戏剧的形式服务社会困难群体，是青年会戏剧社不同于其他白领剧社的关键所在。我们既做戏剧，也做公益。但我们不会把不认同我们理念的人“挡在门外”，你可以通过参与戏剧社平时的体验性活动，来逐渐了解剧社的宗旨所在。总而言之，不同人都能够在戏剧社找到自己的参与空间。

（3）减慢“改革”步伐，在改变的当下注重组员的反馈。小组的事还是需要小组自己来做决定，如果两组不同价值观的人不能够达成共识，那么分开也不是坏事。社会工作者以开放的态度来面对小组成员在对小组重新认识后，所作出的决定。

在第三阶段的磨合期中，社会工作者带领“先锋社员”团队，逐步迈开了改变的步伐。以包容、不抗拒的态度允许组员提出不同意见。从3月份开始，剧社有了点滴细微的变化。戏剧社设立了自己的公共邮箱，每次活动开始前，会有“宣传组”的负责人通过邮件和短信的形式，通知每位组员参与活动；“培训组”的负责人联系不同高校资源，拓展戏剧培训的师资；“外联组”的负责人与其他 NGO 组织建立关系，寻找合作演出的平台。在这些细微的变化之下，原先反对的一部分组员，也逐渐接受了改变后的形式。其原因在于改变并没有给他们带来“压力”，而是更加丰富了活动内容，给予了组员更多体验。

扩展阅读

小组冲突分类

在小组中期，组内的冲突在所难免。对小组而言，发生冲突不一定是坏事，如果领导者能够有效地处理冲突，可以增强小组的凝聚力，提高工作效率，促进组员的成长和改变。小组中的冲突按其性质可以分为以下三种：

❖ 理性及秩序式冲突——围绕实现小组目标时发生的冲突，表达方式是理性的。

❖ 心理及情感式冲突——组员性格和行为不协调造成的冲突，或因为组员未能有效地克制自己的情绪而产生的冲突。

❖ 权力及控制式冲突——组员间因争夺小组权力和影响力而产生的冲突。

	改变前	改变后
小组契约	无	每位新来成员可有三次体验剧社活动的机会；三次之后可提交“上海青年会戏剧社社员申请表”及“上海青年会戏剧社社员承诺书”
小组领导	权威型领导	民主型领导
小组沟通方式	经常引起交错沟通	双向及多向沟通

续表

	改变前	改变后
小组关系	老成员间关系密切，但新成员无法融入小组	在剧社每月开展的“新社员入社仪式上”，所有社员欢迎新社员，正式成为戏剧社成员
小组活动模式	主题活动或自由活动	每次小组活动安排签到、考勤； 每位新参与活动的社员在结束后由人事部负责人向其介绍青年会戏剧社，并填写《社友反馈表》，了解对方的特点、信息及需求
小组活动内容安排	不规定每次活动内容，不定期开展主题活动	定期开展主题活动； 每季度排练一部话剧； 每次活动开展形式分为两部分：一是戏剧工作坊，由义工带领戏剧体验活动。二是戏剧排练：除演员外，其他组员担任观察员角色
小组凝聚力	一般	每位组员生日时能收到生日祝福 每月第一周周五为小组团队建设 组员活跃在剧社不同的交流平台上
小组解决问题能力	一般	共同排练、组织大型义演《天堂隔壁》话剧 观众人数累计达到 500 人

五、总结评估

（1）剧社社员人数，由年初的 20 人增加到 60 人（截至 2012 年 10 月 20 日）。

（2）剧社成员反馈：通过剧社成员的出勤率及关键词统计，绝大部分组员对剧社的评价为“公益”“热情”“感染力”“凝聚力”“爱心”，这些关键词符合年初所制定的剧社目标。

（3）2012 年 8 月 11 日及 9 月 9 日，由小组成员共同筹备创作的话剧《天堂隔壁》上演，募集资金超过 7000 元，共有 12 位演员及 22 位剧社义工参与其中，演出的顺利进行增强了组员间的凝聚力。

六、专业反思

（1）社会工作者介入到小组中，以社会工作者的角色和眼光，去观察小组现状，并以社会工作者的工作方法，帮助小组成型并发展，是一个社会工作者该有的工作态度：改善现状且提供更优质化的服务。

（2）在处理冲突的过程中，社会工作者并没有将“冲突”看作是阻碍小组发展的因素，而是抱着如能够合理解决冲突，将更好形成小组规范，促进小组发展的“契机”。在这样的心态下，社会工作者担任“调停者”及“倡导者”的角色，以“同理心”去理解其他组员提出的反对意见，“倾听”小组中不同的声音，并以开放的态度去“接纳”，但坚持原有的“改革”目标，通过写信的方式，权威且清楚地澄清其小组目标，同时放缓“改革”的进程，通过点滴改变去影响组员。

（3）在这个白领年轻人的小组中，不同于在传统的治疗小组和成长小组里，社会工作者并不是一个直接带领的角色，而是引导小组发展方向的角色，在小组出现冲突时合理解决，最终的目的是能够达成“小组自治”，根据年轻白领有活动有想法，且对待事物期望有自主性的特点，社会工作者将小组内的具体工作，分别交给不同能力特长的组员来分担，同时给予鼓励和肯定，让这些积极的组员既能够在社会上找到一个锻炼自己能力，同时又服务社会的平台。

（4）社会工作者介入小组，解决小组冲突，让小组成员去学习如何跟自己不同意见、不同价值观的人进行有效沟通，聆听对方的想法，表达自己的想法，这不是一件说到就能做到的事，社会工作者的任务是反映小组目前的状况，将组员如何理解及处理的过程反馈给他们。如在《致戏剧社成员的公开信》中，社会工作者提到我们每个人在剧社都有要学习的功课。经过激烈的辩论后，每个人一定对自己有了更多了解，也对他人有了更多了解，并进行深刻反思，我们不同人在讨论中遇到冲突的应对方式是回避，还是直接表达不满？有没有更好的处理方法？每个人如何去理解和表达“好心”及“爱”？这都是组员值得思考的问题，也是社会工作促使人了解自我、改善自我的真正意义所在。

案例点评

该案例是一个成功的社会工作嵌入式发展案例。从案例的描述中我们得知，该戏剧社2002年就已经存在，以学习戏剧理论、表演基础练习、演出参与等形式，普及表演艺术知识，倡导志愿服务精神。戏剧社虽然成立时间已久，但是参与人员及活动设计一直不固定，且剧社缺乏组织结构，不利于新人的加入及长期发展。社会工作者于2012年2月至12月介入到剧社，秉持社会工作的专业理念与价值观，运用社会工作的专业方法对戏剧社进行了一系列变革，使得戏剧社焕发出新的生命力。从专业角度来分析，社会工作的成功介入得益于三个方面：

首先，评估组员需求，确立小组目标。由于戏剧社是一个纯粹的志愿组织，组员的一切行为均源于兴趣，来去自由，长期以来已经不习惯于规章制度的制约。这样的运作模式导致的结果是小组内部一盘散沙，活动效率低下，组员少有收获。在社会工作者接手这样一个戏剧社之后，对组员的实际需求进行了认真细致的评估，得出的需要有三：其一，组员需要富有趣味的活动内容；其二，组员希望用戏剧传递温暖，服务社会有需要的群体；其三，组员需要结交志同道合的朋友。针对活动、交友和公益的三重需求，社会工作者制订了小组的目标：一是发挥剧社成员的能动性，通过参与“青年会戏剧社先锋队”，锻炼义工领袖能力，培养青年领袖；二是为白领提供更多富有趣味性的活动，通过参与活动发掘自身潜力，释放天性，培养成员间的团队合作能力；三是搭建给白领参与公益服务的平台，通过戏剧表演的形式服务社会有需要的群体，传递公益，倡导公益。

其次，建立小组规范，培育青年领袖。在建立小组规范的过程中，组内出现了较为严重的冲突。一部分组员不愿接受小组内的“等级差异”，不愿有太多规矩及契约的束缚，更愿意维持过去小组自由发展的形式。面对组内冲突，社会工作者并没有将冲突视为小组发展的障碍，反而使冲突转变为促进小组发展的良好契机。社会工作者准确地定位了自己调停者和倡导者的角色，让组员发出自己的声音，表达自己的真实感受和想法，以专业的“同理心”去理解组员提出的意见，倾听小组中不同的声音，并以开放的态度去接纳。通过书信的方式与组员沟通小组目标，通过点滴改变影响组员，最终以“服务对象自决”原则招募到价值观认同的组员。在小组开展活动的过程中，社会工作者并不是直接带领，而是从旁协助，将小组内的具体工作，分别交给有不同能力特长的组员来分担，同时给予鼓励和肯定，让这些“青年领袖”能够得到能力上的锻炼与成长，逐步实现了小组自治。

最后，依托公益演出，培养利他精神。社会工作者以戏剧《天堂隔壁》的公益演出为载体，逐步培养组员的利他情怀。戏剧社原本只是一个组员“自娱自乐”的地方，通过社会工作者的介入，强化了其服务社会困难群体的公益性，使组员在以戏剧表演的方式服务他人的过程中收获了自身的成长，体现了社会工作“助人自助”的理念。社会工作者的介入使戏剧社由2012年年初的20人增加到60人，戏剧《天堂隔壁》的公益演出筹集善款7000余元，观众累计500余人。组员对小组的评价是“公益”“热情”“感染力”“凝聚力”“爱心”，实现了小组目标。

社会工作嵌入到原有体制或者模式中开展工作是对社会工作者最大的挑战。社会工作者既不能“妄自尊大”地对原有模式“指手画脚”，又不能“卑躬屈膝”地与原有模式“同流合污”。在这里有一个“度”的把握。该案例中，社会工作者比较好地把握住了这个“度”，不急不躁，用行动一点点地改变现状，让组员逐步体验到这种变化带来的效果，发自内心地希望成为小组中的一员，从而点燃组员心中的希望之火。YMCA戏剧社有别于支持性、治疗性的封闭小组，它是一个开放式的自然小组，组员来去自由。这样的小组需要组员间具有强烈的价值观与文化认同，有一套大家共同遵守的规范方能延续下去。由此看来，社会工作者从一开始介入戏剧社就进行价值观强化和规范建设，无疑是十分正确的。

让世界了解我们

——自闭症儿童的社区融入案例

上海市浦东新区罗山市民会馆　王　辰

由于存在语言沟通和社会性发展方面的缺陷，自闭症儿童较其他儿童更易出现问题行为。自闭症儿童在家庭和社区中出现的问题行为，对家庭生活质量造成了严重的消极影响，增加了父母的养育压力。因此有必要利用熟识化的社区地域平台，开展针对自闭症儿童的社区融入互动。自闭症儿童与正常儿童的互动游戏，既能促进自闭症儿童的健康成长，也能为自闭症家庭减轻照护压力，缓解自闭症儿童父母的焦虑情绪，改善社区居民对自闭症的偏见与误解，促进社区的和谐发展。本案例关注的就是社区内自闭症儿童的融入问题。

一、背景介绍

对于大多数中国人而言，“自闭症”或许仍然是一个十分模糊的字眼。自闭症（Autistic Spectrum Disorder）是一种先天脑部功能受损伤而引起的发展障碍。根据美国精神失调诊断及统计手册（第4版），自闭症患者一般在3岁前已有明显而可分辨的症状，包括社交障碍、语言发育迟缓及刻板行为。大部分自闭症患者都存在一定程度的智能障碍，少数智能正常或超常的患者，一般会被认为是高功能自闭症患者。因为每一个患有自闭症障碍的儿童在障碍程度和行为表现上各有不同，再加上性格、喜好及成长经历的区别，令他们每一个人都是独特的。

据美国疾病控制及预防中心调查统计，在美国约110名新生儿中就有一名自闭症儿童，我国最新的非官方数据是全国有超过700万自闭症儿童。按照3‰～5‰发病率的估测，上海至少有5万名自闭症患儿，可见自闭症并不是罕见病。现在我国有11所大学授予特殊教育本科学位，而特别针对自闭症治疗的课程设置尚处于起步阶段。国内目前政府支持的专业自闭症培训机构或研究所也屈指可数，因此，大部分自闭症患者无法接受最基本的系统治疗和帮助。自闭症儿童无法在学校得到足够的重视和照顾，于是只能被迫地选择待在家里。由于认识不足，自闭症患者的家庭背负了沉重的压力，许多人往往将儿童的病症归结于家长的教育不当。家长不敢把孩子带出去玩耍，学校拒绝接收这样的儿童，让自闭症儿童及家庭回归社会、融入社区的道路更加艰难。

知识链接

儿童自闭症常见三大症状表现

❖ 缺乏交流能力，社交困难。正常孩子到了会说话的时候，会对自己想要的东西，用语言表达出来，但是自闭症孩子不会。比如说，孩子要吃饭了，他不会表达，而是通过叫喊或者拍肚子等怪异动作，来表达自己的需求。他们极度孤独，不会对亲人微笑，眼神不敢直视陌生人，平时没事的时候就表现出呆滞状态。

❖ 语言发育迟缓或障碍，说话表达能力差。表现为讲话迟、吐字不清、话语简单、重复单句等现象，有个别自闭症孩子甚至到了7岁，还不会说完整的话语。

❖ 行为刻板，容易表现出强迫性行为。自闭症的孩子兴趣范围狭窄，会持续不停地摆弄某个特别的物品或物品的某些部分，重复性的肢体动作较多，如拍打手掌或者在某些情况下有自我伤害的行为，也不知道痛。

二、分析预估

在罗山市民会馆开办自闭症儿童训练中心是希望自闭症儿童从小就能有一个正常的开放的社区环境，能和社区中不同人群互动，但是在实际实施过程中，很多社区人士不理解。同样在社区中享受公共服务设施的时候，有些居民就会因为自闭症儿童的一些异常行为而对其指指点点，并责怪其父母教养不善。所以，家长不愿意带自闭症儿童户外活动，整天把他们关在家中，这样更不利于自闭症儿童社交能力的发展，因此造成了一个恶性循环。当社会工作者发现这些问题之后希望能搭建一个平台，让自闭症患儿家庭和社区其他人士可以有更多的交流和接触的机会，让社区人士增加对这个特殊群体的了解，从而消除误解，增加理解，并呼吁社会人士都来关心和爱护自闭症患儿这个特殊的群体，让他们能够回归社会，有一个正常的生活。

知识链接

警惕11项自闭症的征兆（美国儿童学会）

❖ 当婴儿盯着父母或者照顾他的人时，却没有表现出高兴的反应。

❖ 5个月大，不能发出交流的咿呀声。

❖ 不能辨认父母的声音。

❖ 不和别人进行眼神交流。

❖ 9个月后才发出咿呀声。

❖ 说话前很少配合手势。

❖ 反复重复一个动作。

❖ 16个月大还不能说出一个字。

❖ 一周岁时仍不会发出咿呀声，而且也不做任何交流性手势。

❖ 两周岁不能说两个字的词语。

❖ 即使会说话了，也缺乏语言技巧。

三、服务计划

（一）服务目标

（1）在一年内组建30人左右的志愿者队伍，通过专业的培训，和一对一的接触，让社区认识了解什么是自闭症。

（2）社区知识普及，通过在社区中开展巡回画展，让社区人士通过儿童的作品和志愿者的宣讲，了解自闭症的基本知识。让更多的社区人士了解自闭症患儿这个群体，走进这个群体，理解这个群体，关心这个群体，以便自闭症患儿和他们的家庭更好地回归社会。

（3）调动社区资源，如与上海师范大学美术学院合作，为自闭症儿童及其家庭提供专业的服务。

（二）服务策略

1. 理论与方法

社会工作者运用了“地区发展模式”中的社区教育这一社区工作手法。

“地区发展模式”是指社会工作者协助社区成员分析问题，发挥其自主性的工作过程，目的是提供他们及地区团体对社区的认同，鼓励他们通过自助和互助解决社区问题。

其中社区教育方面，主要是通过综合性的社区社会工作方法，开展社区居民的社会教育活动，组织社区成员参与一系列集体活动、小组互动，合理改善居民对自闭症的看法，从而改善自闭症家庭的社区生活氛围、社会支持系统。

社会工作者希望让社区人士认识到社区存在的问题，即对自闭症患儿的不了解和歧视。通过招募社区人士，作为志愿者参与平日的绘画活动，并在社区中举办巡回画展。通过社区人士的亲身参与及感受，用他们的实际经历和实实在在的绘画作品，告诉更多的人什么是自闭症及自闭症患儿和他们的家人是怎样生活的。从而在社区中起到宣传和教育的作用，倡导整个社区多理解和接纳这样一个特殊的群体。

2. 实施策略

（1）促进居民个人的发展

主要是针对社区居民对自闭症的不了解、不理解，进而冷漠和疏离所采取的策略。在罗山市民会馆中开展自闭症儿童的绘画治疗活动，向社区征集和招募志愿者，并通过自闭症专题培训的方式，让志愿者了解自闭症的基本知识。

（2）提供服务和发展资源

在挖掘资源方面，我们引入了上海师范大学美术学院这样一个专业的团队，邀请美院的王大根教授提供培训和技术指导，指导志愿者一对一地引导自闭症儿童进行绘画，并对儿童的作品进行专业的点评。通过这些专家点评，让志愿者们更加深入地了解到了自闭症患儿的内心世界，他们同样对美好的生活有着自己的渴望。

在发展资源方面，我们组建了一支“向日葵义工队”，发现、挖掘和培养了多名志愿者骨干，并定期开展培训。通过网络、媒体和志愿者个人，影响了更多的社区人士。

（3）社区参与

定期召开志愿者、家长的沟通会，让志愿者及自闭症患儿家长表达意见和建议。社会工作者也从中了解服务对象的需求，促进彼此的沟通和了解。

（4）社区教育

通过举办巡回画展和义卖等不同形式的活动，让更多的居民参与其中，并邀请家长、志愿者现身说法，谈谈自己的亲身经历，把自闭症的知识和教育方法传播出去。还通过与志愿者一同散发海报或定点摆放活动的展板的方式，在社区中进行宣传和教育的工作。

（三）服务程序

阶段	时间	目标	所面临的挑战和问题	社会工作者的工作重点	目标达成情况
活动策划	2011 年 10 月 ~ 12 月	1. 社区调查走访，了解社区居民对自闭症人群的了解度 2. 找寻特殊儿童绘画治疗的专家	针对自闭症人群的绘画治疗我国内地尚处于起步阶段，很难找到该领域的专家	寻找儿童绘画治疗方面的专家	在走访的居民中，近八成的居民将自闭症理解为后天的性格严重内向；找寻到上海师范大学王大根教授，擅长美术教育
宣传发动	2011 年 1 月 ~ 3 月	社区宣传招募 10 个自闭症家庭；社区宣传招募 15 名志愿者	家长对绘画治疗的不了解，将绘画治疗和美术学习混为一谈；社区志愿者对自闭症人群的不了解，不知道如何与其沟通	社会工作者举办了绘画治疗培训讲座，帮助家长建立绘画治疗的基本概念；组织志愿者的培训，让志愿者了解什么是自闭症及其行为表现	有近 50 名家长及社区居民参加自闭症绘画治疗的讲座

续表

阶段	时间	目标	所面临的挑战和问题	社会工作者的工作重点	目标达成情况
具体实施	实施初期：2012 年 4 月 ~ 6 月	志愿者跟踪儿童绘画活动的全过程，撰写活动记录和儿童观察记录。学习和掌握科学的引导方式	志愿者在实际与儿童接触过程中不知道如何与其建立关系和沟通交流，对于引导儿童绘画更是无从着手	开展社区教育和志愿者培训。通过定期的志愿者培训，开通志愿者沟通群，上传自闭症相关的资料，增加志愿者对自闭症的了解。另外通过微博、网站等多媒体渠道广泛传播自闭症的知识	召开志愿者培训，让志愿者掌握知识，重拾信心 召开家长会和作品赏析会，让家长了解绘画活动的目标和意义。不在于学习绘画的技法，而是让儿童通过绘画表达自己，与社区各种人士接触沟通，达到回归社会的目标
	实施中期：2012 年 7 月 ~ 8 月	发掘和培养志愿者领袖，组建核心团队	志愿者群龙无首，分工不明确	召开志愿者会议，发掘骨干志愿者，培养志愿者领袖	成功挖掘两名优秀志愿者，培养起 5 人的核心团队
	实施末期：2012 年 9 月	资料整理和汇总			
项目末期	2012 年 9 月 ~ 10 月	社区教育 1. 自闭症儿童画展 2. 社区爱心义卖	场地的落实，画展的布置	发动社区志愿者积极联络场地、布置场地	为期 1 周的画展，共有 301 人次的社区居民参观，了解自闭症人群，并为其献爱心

扩展阅读

钓鱼的游戏

小游戏对于自闭症的康复也有很重要的作用，但是对于游戏的玩法和规则也要适应不同的自闭症儿童，根据不同的参与者设计不同的游戏规则，以钓鱼游戏为例。

高功能：

❖ 课前准备。在纸上画出各种动物、水果、交通工具……压膜或者用胶布两面贴好，按图形剪下，别上曲别针，用木棒或者筷子拴块磁铁。

❖ 桌子并在一起，自闭症小朋友们围坐四周，把准备好的图片撒在桌子上，一人一个鱼竿开始钓。不停地告诉他们谁钓的最多就奖励，鼓励他们去抢别的小朋友钓好的图片。

❖ 钓好之后让他们数数自己钓了多少个，并听清其他小朋友都钓了多少个，说出谁最多，给予奖励。然后让自闭症孩子说出自己都钓到了什么，并用上量词，比如3个苹果、4条鱼，然后再说出自己钓到的都有什么类别的、各有多少个。

❖ 增加难度，规定××必须钓蓝色的，××必须钓红色的，钓好后，让他们说说自己的颜色都有什么。说的时候让其他自闭症孩子仔细听，然后复述。

❖ 同上，规定××必须钓动物类的，××必须钓水果类的，之后同上。

低功能：

❖ 课前准备。在纸上画出各种动物、水果、交通工具……压膜或者用胶布两面贴好，按图形剪下，别上曲别针，用木棒或者筷子拴块磁铁。

❖ 游戏方法一样。只是，他们的图片最好是单一的，比如都是苹果，都是小狗。钓完后，老师强调，它们是苹果，水果类的，红色的，会说话的孩子跟着说。家长辅助数出钓了几个。

❖ 等慢慢熟练之后，要求他们在一堆图片里钓出苹果，或者其他的。

（来源：中国孤独症网，http：//www. cautism. com/. ）

四、服务计划实施过程

（一）服务前期

通过筹备阶段的专家讲座，我们邀请上海师范大学王大根教授与家长们分享了他个人的绘画治疗活动的经历和经验；并进行了一定的知识普及，让家长们了解什么是绘画治疗、对自闭症儿童有何作用、开展的形式。最重要的是统一目标，在这个绘画治疗过程中不是为了强调绘画技法的学习，而是儿童情感表达的一种手段，让家长对绘画治疗建立一个初步的概念。

前几期的绘画治疗活动王大根教授都是亲自上阵，带着他的学生一起来开展活动，一方面是希望让家长更直观地理解什么是绘画治疗，另一方面也是让他的学生可以学习老师如何带领绘画治疗活动。

在前期也遇到了一些困难，比如家长的很多传统观念一下子难以改变，家长会觉得这是学习画画的地方，儿童乱涂乱画是不能接受的。但是，通过专家和社会工作者的耐心解释，家长逐渐意识到了自己认识上存在的偏差。

在志愿者团队组建方面，志愿者面临缺乏一对一的服务经验、缺乏对自闭症基本的认知等问题。所以社会工作者对新组建的志愿者团队开展了密集的培训，帮助他们储备知识，在活动结束后开展跟进点评，提供一些具体介入方法的指导。

（二）服务中期

儿童和志愿者团队都相对稳定了，但是家长和志愿者中间产生了一些疑惑的情绪——治疗到底能起到什么效果？尤其是当儿童的改变不是非常明显的时候，这种情绪极大地影响了服务的氛围。社会工作者敏锐地嗅到了其中气氛微妙的变化，给他们介绍了很多真实的案例，帮助家长和志愿者增强坚持下去的信心和勇气。

（三）服务末期

经过了近一年的朝夕相处，志愿者和儿童之间建立起非常好的信任关系，志愿者们慢慢也找到了各自的方法去面对每个独特的自闭症儿童。之后的画展更是将大家的凝聚力带入了一个新的高度。在大家齐心协力的努力下，画展取得了非常好的社会反响，在3个社区点巡回展览，参观的居民都深受感动，并对这个特别的群体投去关切的目光。

五、总结评估

（一）过程评估

1. 活动目标	不能够				能够
1.1 此次活动能否达到……（呼应活动目标）	1	2	3	4	5
1.2 此次活动能否达到……（呼应中心目标）	1	2	3	4	5
2. 前期准备	差劣			很好	
2.1 对服务对象了解程度	1	2	3	4	5
2.2 活动场地及时间安排	1	2	3	4	5
2.3 宣传及招募方式	1	2	3	4	5
2.4 团队协作沟通	1	2	3	4	5
3. 活动形式及内容	差劣			很好	
3.1 形式对服务对象的可适用性	1	2	3	4	5
3.2 现场活动氛围	1	2	3	4	5
4. 社会工作者装备	差劣			很好	
4.1 对服务对象了解程度	1	2	3	4	5
4.2 工作态度	1	2	3	4	5
4.3 带领方式/技巧	1	2	3	4	5
5. 活动整体评价	1	2	3	4	5

（二）活动媒介/方法的适用性

非常适用。此次以自闭症儿童作品展的形式，展出儿童在绘画活动中的作品，并附有志愿者介绍和专家点评，在鼓励儿童的同时，也让家长看到了儿童的闪光点，并且也向社区居民普及了自闭症知识，让更多的人了解到自闭症群体的存在。

1. 活动中服务对象的参与程度及活动气氛

整个画展开展过程中，自闭症儿童家长都非常支持和期待此次画展的开展，对于自己孩子的作品能够有参加这样一个展出感到非常高兴，画展开幕式也邀请了家长代表发言。另外在画展的开展过程中，有 3011 人次前来参观，周边社区居民有慕名而来参观的，也有偶然过来看到的。从参观者的反馈中也表示：对于自闭症群体，他们也是第一次了解，看到他们的画也觉得很惊讶，很想支持和关心这些孩子。同时，在此次画展过程中，也有儿童作品制作成的一些周边产品义卖和募捐活动，得到了社区居民的大力支持，义卖共所得 490 元，募得捐款 1211 元。

2. 人力/资源的安排

（1）画展开幕式分工表

工作组	工作内容	负责人	成员	备注
画展签到	负责画展签到、引导	张安婷	赵晓璐	
开幕式主持	主持开幕式	王辰		
摄影、照相	负责画展开幕式的摄影、照相	傅华	毛斯宇	
后勤组	音响设备等开幕式准备	马兆珍	王琼芳	
通讯稿		桂凌	张红霞	
画作解说		桂凌	方明琰	
义卖品		徐毅青、吴曦	陆正洋、王彬	
募捐箱		徐玲		
领导接待		周玉琴		

（2）画展志愿者分工表

日期	人员
10 月 13 日	陆正洋、方明琰、毛斯宇、王彬
10 月 14 日	毛斯宇
10 月 15 日	顾尹菲、郭嘉翼
10 月 16 日	王静秋
10 月 17 日	顾尹菲、郭嘉翼
10 月 18 日	毛斯宇、方明琰
10 月 19 日	张红霞

（3）画展闭幕式分工表

工作组	工作内容	负责人	成员
画展签到	负责画展签到、引导	王珺怡、徐毅青	
主持	主持闭幕式	桂凌	
摄影、照相	负责画展闭幕式的摄影、照相	傅华	
后勤组	音响设备等开幕式准备	马兆珍	王琼芳
义卖品		徐玲、吴曦	
募捐箱		王辰	
领导接待		周玉琴	

（三）整体目标达成情况

整体目标达成情况	
计划的活动 1. 2011 年 4 月 ~2012 年 9 月，每周 1 次绘画治疗小组 2. 每周 1 次志愿者培训 3. 大型社区讲座 1 次 4. 社区生活体验 1 次	**终期概况：** 1. 2011 年 4 月 ~2012 年 9 月，每周六 1 次绘画治疗小组，234 人次志愿者接受专题培训。264 人次自闭症儿童及家长接受服务 2. 大型社区讲座 1 次，服务 50 人次 3. 社区生活体验，服务 50 人次 4. 社区教育——自闭症儿童画展，服务 301 人次
目标 让更多的社区人士了解这个群体，走进这个群体，理解这个群体，关心这个群体，以便自闭症儿童及其家庭更好地回归社会	**达成情况** 居民参与项目举办的各类活动后，对自闭症人群的认识逐渐加深，对自闭症从最初的惧怕和抗拒，到现在的好奇和同情。但完全要他们接纳这个群体还需要有很长的路要走 志愿者们与自闭症儿童有较长时间的接触，所以他们能够发自内心地关爱这个群体，相信他们可以影响身边更多的人

（四）存在的问题

在寻找资金支持方面，没有提前做好工作，导致终期的画展经费紧张，没有办法在预想的场地实施，导致受众面变窄。但是最终在社区文化活动中心开展，也取得了意想不到的效果，在社区文化活动中心更贴近普通群众，让居民对自闭症人群建立起了一个基本的认识。

六、个人感悟

我从事自闭症儿童及家庭服务，不知不觉走过了5年的时光。记得刚从事该服务的时候有一位母亲跟我说，“你永远都不能理解我内心的感受。”那个时候的我其实挺委屈的，我觉得我用尽自己的全力去帮助你，你为什么还是不愿意向我敞开心扉？但是后来我慢慢理解了这位妈妈话的背后饱含着多少辛酸苦楚。

2008年，华爱自闭症儿童训练中心在社区开展服务，我们工作人员都不好意思与社区居民说我们是为自闭症儿童服务的。因为我们也忍受不了别人的指指点点，更何况是家长。曾记得有一位孩子的爸爸跟我说，他儿子幼儿园组织的亲子活动他都不愿意去参加，因为与那些普通儿童在一起，自己就受不了别人围观的目光，背后议论的话语更像一把把刀子一样刻在自己心上。对于儿童来说，家长的作用是至关重要的，如果家长的心态不健康，会对儿童产生很多负面的影响。家长不带儿童进行户外活动，整天把儿童关在家中，对本来社交就有障碍的自闭症儿童来说更是雪上加霜。所以为了让自闭症人群的家庭有一个宽松的社会环境，我们策划了“让世界了解我们——华爱自闭症儿童巡回画展”项目。目的就是通过画展，让社区居民了解什么是自闭症；通过从社区中招募志愿者，让更多的人走进自闭症，理解他们，接纳他们，关爱他们。为了画展的顺利开展，我们公开向社区招募志愿者，很多志愿者来的时候也不明白什么是自闭症，自己需要服务什么样的群体，有的甚至还有一些紧张和好奇。但是通过我们的专题培训以及与自闭症儿童一对一零距离的接触，志愿者们也慢慢爱上了这些可爱的孩子们。自闭症儿童没有向外界传言的那样个个都有攻击行为，也没有像电视宣传的那样都是天才神童，他们就是一群普通而又特殊的孩子。他们也希望和普通儿童一样有一个快乐的童年，但是他们可能会不听、不看，那是他们没有兴趣。他们可能大叫大喊，那是他们不知道如何合理表达。这群志愿者用发自内心的爱，用自己的行动告诉这些儿童如何去表达我开心，如何去与喜欢的哥哥姐姐打招呼，如何用手中的画笔画出自己内心的感受。

志愿者来自不同的工作岗位，他们有的是在读书的大学生，有的已经是两个孩子的妈妈，有的是律师。他们有着不同的年龄，有着不同的背景，但是他们都有一颗火热的心。他们无私的志愿者精神也时刻影响着我，在我情绪低落的时候，志愿者们会拍拍我的肩膀给我加油打气。每次活动，看到很多志愿者大老远转多次地铁过来，甚至自己买玩具、买绘画工具给这些儿童，我心中就感到无限温暖。当然我们的志愿者也挣扎彷徨过，也迷茫失望过，但是他们坚持下来了，他们用行动告诉世人，自闭症没有那么可怕。病魔没有带走原本属于他们的快乐，他们的世界也没有因为自闭症这三个字而变成黑白，自闭症也有属于自己的蓝天。

如果说谁是世界上最可爱的人，我想就是这群志愿者了。他们勇敢地迈出了第一步，去了解自闭症这个群体，通过自己亲身体验把真实信息传递给大家，让人们了解到自闭症不是洪水猛兽，有自闭症也可以像普通人一样有尊严地生活。他们不仅给这些迷茫中的家庭带去了希望和力量，更给世人和这些“星星的孩子”搭起了一座沟通的桥梁。

通过画展，我们让更多的社区居民了解了什么是自闭症，让更多的儿童及其家长了解到在班级中遇到有自闭症的同学应该如何去对待他们。当看到参观者认真阅读每幅作品的说明，并被我们的一个个故事打动的时候，我们就觉得所有的付出都是值得的，所有的辛苦都是喜乐的，所有的泪水都是激动和感动的。感谢这一路支持我们的所有人，因为一路有你们的陪伴，所以我可以坦然地面对所有荆棘。

案例点评

在本案例中，罗山市民会馆作为一个社会组织，开办自闭症儿童训练中心，试图在社区内通过自闭症儿童与正常儿童的互动交流、游戏活动，以期促进自闭症儿童健康成长。但由于前期宣传准备工作不足，很多参加活动的家长产生误解，认为自闭症儿童的异常行为是教养不善的结果。负面的标签印象使得家长不再鼓励孩子参与社区集体活动，不愿意带儿童户外活动。这最终变成为一个恶性循环，不利于自闭症儿童的健康发展。因此，需要搭建一个平台，让自闭症患儿家庭和社区其他人士可以有更多的交流和接触的机会，让社区人士增加对这个特殊群体的了解，从而消除误解，增加理解，呼吁社会人士都来关心和爱护这个特殊的群体，让他们能够回归社会，有一个正常的生活。

社会工作者针对自闭症儿童的社区融入，制订了详细的服务计划，组建社区志愿者队伍，开展自闭症知识的社区宣传教育，链接外部资源，服务社区需求。在工作过程中，社会工作者运用“地区发展模式”，协助社区成员分析问题，发挥其自主性，目的是引导他们及地区团体对社区的认同，鼓励他们通过自助和互助解决社区问题。在具体的社区教育方面，主要是通过综合性的社区社会工作方法，开展社区居民的社会教育活动，组织社区成员参与一系列集体活动、小组互动，合理改善居民对自闭症的看法，从而改善自闭症家庭的社区生活氛围、社会支持系统。

具体实施策略：(1) 罗山市民会馆开展自闭症儿童的绘画治疗活动，向社区征集和招募志愿者，通过自闭症的专题培训，让志愿者了解自闭症的基本知识，最终促进居民个人的发展。(2) 链接外部资料，引入上海师范大学美术学院，邀请美院的王大根教授提供培训和技术指导，指导志愿者一对一地引导自闭症儿童进行绘画，并对儿童的作品进行专业的点评。通过专家点评，让志愿者们更加深入地了解到了自闭症患儿的内心世界，他们同样对美好的生活有着自己的渴望。(3) 挖掘内部资源，组建了一支“向日葵义工队”，发现、挖掘和培养多名志愿者骨干，并定期开展培训。通过网络、媒体和志愿者个人影响更多的社区人士。(4) 注重集体学习，定期召开志愿者、家长的沟通会，让志愿者及患儿家长表达意见和建议，社会工作者也从中了解服务对象的需求，促进彼此的沟通和了解。(5) 开展自闭症知识的社区公共宣传活动，通过印发海报、活动展板以及巡回画展、义卖等形式，让更多的居民能参与其中，并邀请家长、志愿者现身说法，谈谈自己的亲身经历，把自闭症的知识和教育方法传播出去。

社区教育活动的具体实施程序包括四个环节：(1) 活动策划阶段，调查社区需求，界定社区问题，分析社区资源，为后续活动制订整体活动方案。(2) 宣传发动阶段，社区公开招募自闭症家庭和志愿者，并向双方介绍本活动的基本方案和整体安排。(3) 活动实施阶段，由志愿者跟踪儿童绘画活动的全过程，撰写活动记录和儿童观察记录，并由专家对志愿者进行培训，学习和掌握科学的引导方式。同时，注重志愿者队伍的建设，发现和培训志愿者领袖，促进志愿者队伍的自主性运行能力。(4) 活动结束阶段，举办自闭症儿童的集体画展，并就绘画作品举行义卖，继续增强社区居民对自闭症知识的认识和了解。

在活动开展情况的自我评估中，社会工作者肯定了社区宣传教育活动的积极效果，对活动内容和形式都比较认可，整体目标达成情况比较好。当然，整个活动也存在资金准备不足的问题。

本案例活动设计多样，安排合理，通过培育和发展社区志愿者队伍，很好地促进了社区的融合，改善了社区居民对自闭症的认识，取得了比较好的效果。社会工作者在活动中体现了教育者和资源协调者的角色，并在服务过程中实现了社会工作精神的升华，帮助志愿者实现了“助人自助”的社会工作本质，比较好地实现了社区工作的过程目标与任务目标。在评估方面，涉及需求满足评估、项目过程评估、项目影响评估等内容，比较全面系统。

民政部、财政部关于加快推进社区社会工作服务的意见

（民发〔2013〕178 号）

各省、自治区、直辖市民政厅（局）、财政厅（局），各计划单列市民政局、财政局，新疆生产建设兵团民政局、财务局：

为贯彻落实《国家中长期人才发展规划纲要（2010－2020 年）》（中发〔2010〕6 号）、《国务院关于加强和改进社区服务工作的意见》（国发〔2006〕14 号）、《中共中央办公厅　国务院办公厅关于加强和改进城市社区居民委员会建设工作的意见》（中办发〔2010〕27 号）、《国务院办公厅关于印发〈社区服务体系建设规划（2011－2015 年）〉的通知》（国办发〔2011〕61 号）和《关于加强社会工作专业人才队伍建设的意见》（中组发〔2011〕25 号）要求，切实加强社区社会工作专业人才队伍建设，积极发展社区社会工作服务，进一步促进和谐社区建设，现就加快推进社区社会工作服务制定如下意见。

一、充分认识加快推进社区社会工作服务的重要性与紧迫性

社区是社会的基本单元，是社会工作专业人才开展服务的主要平台。改革开放以来，我国工业化、城镇化、市场化、信息化和农业现代化快速发展，带来社会结构、组织形式、利益格局、思想观念的深刻变化，社区成为各种利益关系的交会点、各种社会矛盾的聚焦点、

社会建设的着力点和党在基层执政的支撑点。加快推进社区社会工作服务，对推动解决工业化、城镇化、市场化、信息化和农业现代化发展衍生的社会矛盾与问题，保障社会安全，维护社会稳定；对增强居民自治能力、培育居民互助意识、扩大社会参与、促进社区融合、增进社区和谐；对强化社区服务功能、深化社区服务内涵、提升社区服务层次、完善社区服务体系，满足社区居民心理疏导、精神慰藉、行为矫治、关系调适、能力提升等新的个性化服务需求；对丰富基层社会管理方式、创新基层社会管理体制、增强基层社会管理能力、强化基层社会管理效果；对落实党和政府惠民政策、彰显人文关怀、扩大和巩固党执政的群众基础，具有十分重要的意义。

党的十六届六中全会作出建设宏大社会工作人才队伍的决策部署以来，我国社区社会工作专业人才队伍初具规模，社区社会工作专业岗位逐步开发，社区社会工作服务组织逐步培育，社区社会工作服务逐步开展，社会工作在拓展社区服务范围、深化社区服务内涵、提升社区服务水平、回应社区居民需求、加强社区凝聚力、促进社区和谐与发展等方面的专业作用得到初步显现。但从整体上看，我国社区社会工作服务基础还比较薄弱，还存在社区社会工作专业人才数量不足、素质不高、结构不优，社区社会工作服务平台不宽、服务机制不完善、服务标准不健全、规模范围较小等问题，与中央促进社区发展、加强社区服务体系建设、创新基层社会管理的要求以及广大社区居民不断增长的专业社会工作服务需求相比尚有较大差距。要从和谐社区建设、夯实党执政基础的战略高度，充分认识加快推进社区社会工作服务的重要意义，切实增强责任感和紧迫感，充分总结借鉴国内外社区社会工作服务经验，以改革创新精神，采取更加有力措施，加快培养壮大社区社会工作专业人才队伍，广泛深入开展社区社会工作服务。

二、加快推进社区社会工作服务的总体要求

（一）指导思想。坚持以邓小平理论、“三个代表”重要思想、科学发展观为指导，以满足居民需求、促进社区和谐、推动社区发展为根本出发点，以社区社会工作专业人才队伍建设为核心，以培育社区社会工作服务组织为基础，以普及应用社会工作专业理念、知识与方法为关键，以深化社区社会工作服务为重点，以建立健全体制机制、完善政策制度为保障，加快推进社区社会工作事业发展，为构建社会主义和谐社会、改善基本民生、巩固党的执政基础提供有力支撑。

（二）基本原则。坚持以民为本、立足需求。从城乡社区建设要求和社区居民的社会服务需求出发，构建社区社会工作服务制度，培养社区社会工作服务人才，设计和实施社区社会工作服务项目，用社区居民需求的满足程度来检验社区社会工作服务发展成效。坚持党政主导、社会参与。切实加强党对社区社会工作服务的领导，确保社区社会工作服务发展的正确方向；政府切实履行社区社会工作服务宏观规划、标准规范、政策引导、资金投入、监督管理等方面职责；建立健全社会参与机制，鼓励和发动广大社会组织、驻区单位、社区居民、志愿者队伍参与社区社会工作服务。坚持分类推进、突出重点。根据城市与农村以及东、中、西部地区和少数民族地区的各自特点，因地制宜确定社区社会工作服务发展速度、力度、范围与方式；同时，根据当前的突出问题与紧迫需求，以社区为依托，着力做好城市流动人口、农村留守人员、老年群体、困难群体、特殊人群的社会工作服务。坚持专业引领、融合发展。积极培养社区社会工作专业人才，加大对城乡社区自治组织成员、基层党组织成员、社区专职工作者、社区服务人员的社会工作知识普及培训，逐步用专业社会工作理念丰富社区工作理念，用专业社会工作制度创新社区管理服务制度，用专业社会工作方法提升社区管理服务水平，加快实现社会工作与社区建设在更

高层次、更广范围、更多领域的融合发展。

（三）总体目标。当前和今后一个时期，要建立健全社区社会工作服务政策制度，建立完善的社区社会工作服务标准体系，形成协调有力的社区社会工作服务体制机制；加快培养一支高素质的社区社会工作专业人才队伍，发展一批数量充足、服务专业的社区社会工作服务组织，科学设置社区社会工作专业岗位；争取到2020年广大城乡社区自治组织成员、基层党组织成员、社区专职工作者、社区服务人员能够普遍掌握应用社会工作专业理念、知识与方法参与社区管理与服务，有效满足社区居民服务需求，促进社区和谐发展。

三、加快推进社区社会工作服务的主要任务

（一）大规模培养和使用社区社会工作专业人才队伍。坚持提升存量与扩充增量、专业培训与知识普及相结合，建立健全社区社会工作专业人才培养制度。以实施社会工作服务人才职业能力建设工程、社会工作管理人才综合素质提升工程和社区服务人才队伍建设工程为抓手，依托社会工作专业人才培训基地以及社区建设和社区服务人才培训基地，重点对城乡社区直接从事社会服务的人员进行大规模、系统化的社会工作专业知识培训，逐步提升转化为社会工作专业人才。推动建立高校社会工作专业教育与社区社会工作专业人才培养对接机制，支持社区管理与服务人员参加社会工作硕士专业学位在职教育。完善社会工作者职业水平评价制度，支持社区管理与服务人员参加社会工作者职业水平考试。根据社区管理与服务需要，支持城乡社区通过向社会公开招聘、民主选举、竞争上岗、挂职锻炼等方式，配备和使用社区社会工作专业人才；积极招录全日制高校社会工作专业毕业生到社区就业，逐步扩大社会工作专业人才在社区管理与服务人员中的比例，不断壮大社区社会工作专业人才队伍。对下派城乡社区锻炼的党政部门、人民团体、相关事业单位、部分执法单位的干部和选聘到村、社区任职的大学毕业生要普及社会工作专业知识。

（二）不断拓宽社区社会工作服务平台。城乡基层特别是城市社区要注重配备和使用社会工作专业人才，积极开发社会工作专业岗位，扩大就业范围，吸纳更多社会工作专业人才到社区服务。按照和谐社区建设总体要求，本着理顺关系、厘清职能、整合资源的原则，逐步在街道社区服务中心、社区服务站、社区矫正机构等社区公共服务平台设置社会工作专业岗位，配备社会工作专业人才，鼓励社会工作专业人才通过选举进入城市社区党组织、社区居民自治组织、业主委员会。适应新农村建设需要，积极推动乡镇社会事务办或民政所设置社会工作专业岗位。鼓励有条件的街道和乡镇依托现有资源创建社区社会工作服务组织、设立社区家庭综合服务中心等方式，吸纳和使用社会工作专业人才，面向城乡社区特殊、困难群体提供社会工作服务。落实国家有关税收优惠政策，鼓励通过简化登记程序、降低登记门槛、提供服务场所、政府购买服务等方式，支持社会力量兴办社区社会工作服务组织，引导民办社会工作服务组织面向社区开展专业服务。

（三）分类推进社区社会工作服务。根据城乡社区发展特点和社区居民需求，分类推进社区社会工作服务。在城市社区重点开展针对老年人、未成年人、外来务工人员、残疾人和低收入家庭的社区照顾、社区融入、社区矫正、社区康复、就业辅导、精神减压与心理疏导服务。在农村社区以空心村落、空巢家庭、留守人群为重点，为留守儿童提供生活、学习、心理和安全等方面服务，为留守老人提供生活照料、代际沟通、精神慰藉、文化娱乐等方面服务，为留守妇女提供安全教育、技能培训、能力提升、关系调适等方面服务。开展城乡人才对口支持，创造条件引导和鼓励城市社会工作专业人才到农村社区开展服务。在少数民族聚居和信教群众较多的社区，根据需要配备政治立场坚定、熟悉民族和宗教事务的社会工作专业人才开展少数民族社会工作。积极推动社会工作方法与党的群众工作和思想政治工作有机结合，进一步提升广大城乡基层党员干部、社区工作人员在宣传倡导、组织动员、资源策动、服务提供方面的本领。配合、支持社区居民委员会，定期开展社区居民需求调查，发动社区居民参与制订、实施社区发展规划，参与策划、执行社区服务项目与活动方案，进行社区动员与倡导。根据社区居民需求，综合运用个案工作、小组工作和社区工作方法，为有需要的社区居民及家庭提供个案辅导服务，开展小组活动，推动社区教育，提升居民个人和家庭社会功能；引导和培养居民主动参与社区公共生活和社区事务，加强社区居民能力建设，增强社区发展能力，建立健全社区支持网络；组织社区居民实现自助、互助和社区自治，形成理性平和、宽容接纳、诚信友爱、平等尊重的居民关系，增强社区凝聚力、归属感和人文关怀，促进社区文明、和谐与稳定。

（四）建立健全社区、社会组织和社会工作专业人才联动服务机制。按照“政府扶持、社会承接、专业支撑、项目运作”的思路，探索建立以社区为平台、社会组织为载体、社会工作专业人才为支撑的新型社区服务管理机制。坚持社会事社会办、专业事专业办原则，通过政府购买服务等方式，逐步将街道和乡镇政府面向社区的事务性、服务性工作委托有专业能力的社会组织承接，社会组织聘用社会工作专业人才提供服务。采取公办民营、民办公助等方式，面向社区社会工作服务组织开放社区资源，为社区居民提供社会工作服务。通过建立健全社区、社会组织和社会工作联动服务机制，扩大社区社会工作服务范围，提升社区社会工作服务层次，创新基层社会管理方式，完善基层社会管理体制，增强基层社会管理实效。

（五）建立健全社区社会工作专业人才引领志愿者服务机制。志愿者队伍是社区社会工作专业人才开展服务的重要补充力量。建立社区社会工作专业人才定期、定向联系志愿者制度，对社区志愿者开展社会工作专业知识与技能培训，提升志愿服务水平。依托志愿者注册登记管理信息系统和社区公共服务综合信息平台，实现社区志愿服务需求与供给的无缝对接，做好社区志愿服务记录工作。探索在社区志愿者组织中配备社会工作专业人才，负责志愿者的招募、组织、管理、培训和监督，引导和带领志愿者协助实施社区服务项目，参与社区建设。对有从事社会工作职业意愿且符合条件的优秀志愿者，在其通过社会工作者职业水平考试并经登记后，优先录用到社区社会工作专业岗位。社区社会工作专业人才要以志愿服务项目为载体，充分调动社会力量广泛参与社区事务，丰富社区服务资源，凝聚社区建设合力，最大程度实现社区共驻共建共享。

四、加强对社区社会工作服务的组织领导

（一）建立健全管理体制和工作机制。各地要将发展社区社会工作服务及其人才队伍建设纳入经济和社会发展规划，纳入城乡社区建设总体规划和人才队伍发展规划；结合实际抓好本意见的贯彻落实，制定具体实施意见，出台具体落实措施。推动建立党委政府考核、群众评价和社会评议相结合的社区社会工作服务绩效评估机制；加快建立政府主导、社会广泛参与的社区社会工作服务推进机制。

（二）加快推进社区社会工作服务法规、政策与标准化建设。建立健全社区社会工作专业人才教育培训、评价考核、选拔任用、流动配置、激励保障等政策。研究制定社区社会工作服务组织扶持发展政策措施。将社区社会工作服务标准化建设纳入国家社会工作服务标准化建设示范工程实施范围，围绕社区社会工作服务流程、服务方法、绩效评估等关键环节，研究制定社区社会工作服务标准。将社区社会工作服务及其人才队伍建设内容纳入基层社会管理、社区建设相关法律法规、部门规章和政策性文件制定和修订范围。

（三）加强社区社会工作专业人才激励保障工作。贯彻《关于加强社会工作专业人才队伍建设的意见》（中组发〔2011〕25 号）要求，建立健全社区社会工作专业人才薪酬保障机制，逐步提高社区社会工作专业人才薪酬待遇水平；鼓励各级党政机关、人民团体、事业单位招录、招聘社会服务相关职位工作人员和选拔干部时，在同等条件下要优

先录用具有丰富基层实践经验的社区社会工作专业人才；注重把政治素质好、熟悉社会服务与管理的社区社会工作专业人才吸纳进基层党员干部队伍，选拔进基层党组织领导班子，支持有突出贡献的社区社会工作专业人才进入地方基层人大、政协参政议政，切实提高社区社会工作专业人才的政治待遇、社会地位与职业吸引力，引导社区社会工作专业人才长期、安心扎根基层、服务一线。

（四）加大社区社会工作服务投入。落实《民政部　财政部关于政府购买社会工作服务的指导意见》（民发〔2012〕196号），将社区社会工作服务纳入政府购买服务范围，逐步加大财政投入力度，确保社区社会工作服务开展有场地、有人员、有资金。每年从民政部门留用的福利彩票公益金中安排一定资金，用于支持开展社区社会工作服务。鼓励社会资金支持购买社区社会工作服务。

（五）加强社区社会工作服务研究宣传。加强社区社会工作服务基地建设，利用社区平台为社会工作专业学生提供实习、实训，引导高校资源开展社区社会工作服务研究，及时总结提炼并利用社区社会工作研究成果指导实践发展，不断提高社区社会工作服务成效。加强对外合作交流，学习借鉴国外和港澳台地区社区社会工作服务先进经验，研究解决社区社会工作服务发展过程中的重点、难点和热点问题。支持各级各类新闻媒体采取广大社区居民喜闻乐见的形式，广泛宣传各地发展社区社会工作服务的重大意义、目标任务和经验做法，调动广大社区居民支持和参与社区社会工作服务的积极性，为推进社区社会工作服务营造良好的社会氛围。

民政部　财政部

2013年11月15日

社区社会工作服务指南

1 范围

本标准给出了社区社会工作服务的总则、内容与要求、流程与方法、质量管理和服务保障要求。

本标准适用于在城乡基层开展的社区社会工作服务。

2 规范性引用文件

下列文件对于本文件的应用是必不可少的。凡是注日期的引用文件，仅注日期的版本适用于本文件。凡是不注日期的引用文件，其最新版本（包括所有的修改单）适用于本文件。

GB/T 20647.1－2006 社区服务指南 第1部分：总则

MZ/T 059－2014 社会工作服务项目绩效评估指南

社会工作者职业道德指引 2012－12－28 民政部

城市社区档案管理办法 2015－11－23 国家档案局、民政部

3 术语和定义

GB/T 20647.1－2006 和 MZ/T 059－2014 界定的以及下列术语和定义适用于本文件。

3.1 社区社会工作服务（community social work service）

秉持助人自助的价值理念，运用社会工作专业方法，以社区为平

台，以统筹社区照顾、扩大社区参与、促进社区融合与社区发展、参与社区矫正和社区戒毒社区康复等为主要任务的专业活动。

3.2 社区社会工作者（community social worker）

专职从事社区社会工作服务的专业人员。

3.3 社区照顾（community care）

社区社会工作者采用个案管理、资源链接等方式，为有需要的社区居民提供的生活照料、精神慰藉、康复护理、权益维护、社会支持等服务。

3.4 社区融合（community integration）

社区社会工作者通过整合社会资源，建立社会网络，促进社区居民平等享有民主权利、公共服务及相关社会福利，促进社区居民参与政治、经济、文化及社会生活，增强社区认同，促进社区团结，形成社区和睦相处、和谐共进的状态。

4 总 则

4.1 需求为本

社区社会工作者应深入调查分析社区问题、居民需求和潜在资源，设计和实施社区社会工作服务项目，最大化满足社区居民多样化、个性化服务需求，以社区居民需求的满足程度为检验社区社会工作服务成效的标准。

4.2 多方联动

社区社会工作者应在社区党组织的领导和社区居民自治组织的指导和支持下，组织引导相关社会组织、社区社会组织、驻社区单位、志愿者和社区居民等多方力量参与、支持社区建设和社区治理，推动实现社区共建共享。

4.3 专业引领

社区社会工作者应推动将社会工作专业理念、方法、技巧融入到社区建设的各领域、各环节，逐步用社会工作专业理念丰富社区服务工作理念，用社会工作专业规范完善社区服务管理制度，用社会工作专业方法提升社区服务管理水平，促进社会工作与社区建设的融合发展。

4.4 跨界合作

社区社会工作者应根据社区居民个性化问题和多样化需求，协助组织跨专业合作团队，提供系统性、专业化、适切性社会服务；应重视发掘社区内部资源、支持具有专业技能的社区居民参与，依靠社区自身力量解决社区问题。

5 服务内容与要求

5.1 统筹社区照顾

主要包括：

——为社会救助对象提供社会融入、能力提升、心理疏导等专业服务，解决社会救助对象因心理行为偏差引发的个体和社会问题；

——为老年人，特别是留守、空巢、失独、病残、失能、高龄老年人提供生活照顾、精神慰藉、情绪疏导、危机干预、关系调适、社会参与等服务；

——为儿童青少年，特别是农村留守儿童和其他困境儿童青少年提供生活照料、救助保护、学业辅导、情感关怀、成长支持等服务；

——为农村妇女提供安全教育、技能培训、能力提升、关系调适等服务；

——为残疾人提供生计帮扶、家庭支持、社区康复和社会融入等服务；

——及时报告家庭暴力或疑似家庭暴力案件，为家庭暴力受害人提供紧急救助、临时庇护、情绪疏导、资源链接和社会支持等服务；

——协助做好社区居民健康管理以及医院转介患者的社区治疗与康复服务；

——为因遭突发事件、意外伤害、丧葬事宜等需要帮助的社区居民提供生活照料、情绪疏导、哀伤辅导、危机干预、资源链接等服务。

5.2 扩大社区参与

主要包括：

——协助社区党组织和社区居民自治组织开展社区需求调查，参与策划、执行、评估社区服务项目与活动；

——协助社区党组织和社区居民自治组织，动员和组织社区居民参与社区协商；

——培养社区居民参与社区公共事务的意愿、提升参与能力、拓展参与空间、建立参与机制；

——协助社区党组织和社区居民自治组织培育社区社会组织和社区骨干，提供咨询、培训、能力建设等服务；

——组织策划社区志愿服务项目，引导社区居民参与社区志愿服务，协助社区党组织和社区居民自治组织开展社区志愿者动员、招募、培训、使用、登记注册、服务记录与证明等工作。

5.3 促进社区融合

主要包括：

——协助社区党组织和社区居民自治组织建立本社区与相关政府部门、社会组织、驻区单位、业主委员会和物业公司等单位之间的良好协作关系；

——参与建立社区居民的互助团体和支持网络，组织社区居民进行互助和自助，推动形成理性平和、宽容接纳、诚信友爱、平等尊重的居民关系；

——帮助外来人口适应社区环境，促进户籍居民接纳外来人口，增进社区团结；

——帮助拆迁安置、棚户区改造、政策移民、灾后重建等新建社区内的社区居民适应新环境，建立支持性社区关系网络；

——参与社区居民矛盾调解，预防、化解社区矛盾。

5.4 推动社区发展

主要包括：

——协助社区党组织和社区居民自治组织发动社区居民参与制定、实施社区发展规划；

——培育社区共同体精神，开展社区居民文化素质与家庭美德、公民道德教育，形成社区居民积极向上的人生观、价值观、世界观及生活态度和行为规范；引导社区居民共同参与社区建设，建立健全社区支持网络，加强社区居民能力建设，增强社区归属感和认同感；

——开展社区通用性培训，举办面向社区居民的文化、教育和科普等活动，提高社区居民文化素养；协助举办农技推广培训等农业社会化服务活动，增强农村社区居民致富能力；

——协助完善城乡社区基础设施布局、选址和建设方案，广泛吸纳各方意见，合理利用社区公共空间；

——协助发掘乡土资源和特色资源，支持发展农村社区特色产业，组织农村社区居民生产互助，促进农村社区可持续发展，积极参与农村扶贫开发。

5.5 参与社区矫正

主要包括：

——疏导社区服刑人员心理情绪、纠正思想行为偏差，促进社区生活融入，恢复和发展社区服刑人员社会功能；

——修复社区服刑人员与家庭和社区的关系，重建社会支持网络；

——促进社区服刑人员就业，协助符合条件的社区服刑人员申请享受相关就业扶持政策，为社区服刑人员提供就业指导和职业介绍等服务；

——协调并督促未成年社区服刑人员的法定监护人，帮助其接受义务教育，鼓励有就学意愿的社区服刑人员接受社区教育；

——配合司法行政机关对拟适用社区矫正的被告人、罪犯进行社区影响调查、家庭和社会关系评估等工作；

——协助社区居民自治组织帮助生活困难、符合条件的社区服刑人员及其家庭依法获得相关社会救助政策资源，链接社会资源对其进行帮扶救助。

5.6　参与社区戒毒社区康复

主要包括：

——协助社区禁毒工作机构组织开展毒品预防教育，特别为处于失学、失业、失管状态的青少年提供就业帮助、心理咨询和毒品预防教育等服务；

——为社区戒毒康复人员提供心理辅导、行为矫正、社会支持等服务，巩固戒毒康复效果；

——为社区戒毒康复人员链接就业资源，协助其接受职业技能培训和职业指导；

——协助社区居民自治组织帮助生活困难、符合条件的社区戒毒康复人员及其家庭纳入最低生活保障范围或依法接受其他社会救助，链接社会资源对其进行帮扶救助。

5.7　提供其他服务

协助社区居民在健康教育、社区群众文化、社区环境改善、社区防灾减灾等方面提供专业服务。

6　服务流程与方法

6.1　服务流程

6.1.1　需求评估

需求评估主要包括：

——在社区党组织和社区居民自治组织的指导和支持下，走访社区各类组织和社区骨干，调查、分析社区的地理环境、经济状况、人口结构、文化特色、资源优势等基本情况；

——描述和界定社区问题，对社区社会工作服务的介入层面和类型进行分析；

——分析社区内公共设施、教育机构、医疗单位、社区组织、商业场所等单位和组织的数量、位置、运作情况、对居民的影响、使用状况等，全面了解潜在社区服务资源状况；

——分析社区党组织和社区居民自治组织成员、社区专职工作者、社会组织工作人员以及社区志愿者、社区居民骨干、社区各类专业人员等社区服务人力资源状况。

6.1.2　服务策划

服务策划主要包括：

——明确界定社区社会工作服务项目的目标与任务，包括服务目标群体、主要问题、服务内容、服务方式、预期成效等；

——掌握服务对象的特点、能力、兴趣、生活方式、社区关系状况等；

——评估服务机构或社区社会工作者能力，设计切实可行的服务计划；

——制定工作进度表，明确各阶段工作任务及时间期限，合理安排每个阶段的服务内容；

——根据服务目标和任务，安排服务场地（环境）、人员、财务等服务资源。

6.1.3　服务执行

服务执行主要包括：

——确定服务过程的所有环节，进行人员分工，明确各自职责；

——把握服务推进策略、方法和节奏，进行经费、资源、进度和服务质量管理；

——应对服务过程变动，做好服务中的危机处理；

——开展过程评估，及时进行服务调整；

——对服务过程和结果进行记录，建立工作档案。

6.1.4　服务评估与改进

社区社会工作服务成效评估工作应按 MZ/T 059－2014 规定执行。

应加强服务评估结果的应用，总结有效方法，分析问题和困难，对社区社会工作服务进行持续改进与完善。

6.2　服务方法

6.2.1　社区分析评估方法

6.2.1.1　资料收集

调动社区居民参与，采用走访、观察、问卷、焦点小组等方法收集相关信息，分析社区状况、评估社区需求和风险。

6.2.1.2　基线评估

通过对社区初始状况的研究及测量，建立基线并据此评估介入前后的社区变化，判断社区社会工作者介入成效。

6.2.1.3　社区优势和劣势（SWOT）分析

分析社区自身优势、不足以及外部环境对社区带来的机遇和挑战，将社区发展与社区内部资源、外部环境有机结合起来，在此基础上选择介入策略。

6.2.2　社区资源链接方法

6.2.2.1　资源整合法

在本社区内，通过协商、合作等方式，共享工作条件、互通服务信息、联合决策和行动，共同满足多样化社区服务需求。

6.2.2.2　资源共享法

在本社区与其他社区之间，通过协商、合作，发挥各自优势，共享服务资源，协同开展服务，提升彼此社区服务水平。

6.2.2.3　资源配置法

根据社区资源的不同特征，通过计划、组织、培训、咨询、协调、合作、控制、评估等手段，管理配置好各类服务资源，开展社区服务。

6.2.3　社区参与方法

6.2.3.1　社区动员法

通过告知、倡导、鼓励、示范等方式，邀请服务对象和社区居民参与到社区各项活动和事务中。

6.2.3.2 共识建导法

通过引导社区居民主动参与，充分表达意愿等，汇集社区居民思想，促进社区居民达成共识。

6.2.3.3 参与式社区会议法

在社区公共议题的设计与讨论中，引导社区居民参与，由社区居民提出问题，共同探讨解决方案，达成一致意见和行动。

6.2.4 社区支持网络建设方法

6.2.4.1 正式支持网络建设

通过组织、协调、培训等方式，建立由政府、工作单位、学校、社区组织以及其他社会服务机构、志愿服务组织等所组成的社会支持网络。

6.2.4.2 非正式支持网络建设

通过组织、协调、培训等方式，建立由家庭、亲属、朋友、邻里等组成的社会支持网络。

7 质量管理

7.1 建立质量管理体系

建立社区社会工作服务质量管理体系，该体系应包括以下内容：

——社区社会工作服务质量方针和目标；

——社区社会工作服务质量手册；

——社区社会工作服务质量所需的文件，包括制度和记录等；

——服务过程中工作人员明晰的职责、权限及其相互关系。

7.2 服务质量过程控制

7.2.1 社区社会工作服务的提供过程应严格遵循社区社会工作服务质量手册和相关流程。

7.2.2 社区社会工作者应识别、分析对服务质量有重要影响的关键过程，并加以控制。

7.2.3 应真实、全面、及时、准确记录社区社会工作服务情况。

7.3　建立督导制度

社区社会工作服务中，应建立与质量管理体系相适应的督导制度，督导制度应符合以下要求：

——保障督导目标的实现，督导的主要目标是确保服务质量，提升专业服务能力，监察被督导者工作表现，识别被督导者持续教育和培训需求；

——保障督导的持续性，督导是一个与服务/项目同步进行的专业过程，应具备持续性和连贯性；

——保障督导的覆盖面，服务/项目实施机构应确保为全体员工提供充分、恰当督导；

——保障督导程序清晰明确，阐明督导的目的、督导的频次、督导者和被督导者的角色、督导的职责范围、督导功能、督导记录、督导保密要求、督导与员工评估考核的关系；

——保障督导制度落实，督导制度应公开告知，方便查询，确保督导工作开展。

7.4　建立风险管理制度

社区社会工作服务中，应建立与服务内容相适应的风险管理制度，确保服务对象和服务人员处于安全的环境，风险管理制度应符合以下要求：

——应掌握与服务内容相关的最新法律法规和政策标准要求，确保服务/项目的各项管理和实施程序符合所有要求；

——应与服务内容和环境条件相适应，定期、及时检讨和修订已制定的风险管理制度，并保证所有员工了解和遵守这些制度；

——应做好风险事故和处理方法的记录，凡是在服务/项目实施机构的责任服务场所或涉及服务/项目实施机构工作人员的意外或伤害事故及其处理方法，均需完整记录在案。

7.5　投诉与争议处理

7.5.1　应建立畅通的渠道，收集与服务质量相关的投诉和改进建议。

7.5.2 应对收到的投诉和建议予以及时回应和反馈。

7.5.3 应根据意见和建议，采取有效的纠正或预防行动，持续改进服务质量。

8 服务保障

8.1 社区社会工作者要求

8.1.1 社区社会工作者应具备以下资质之一：

——获得国家颁发的社会工作者职业水平证书；

——具备国家承认的社会工作专业专科及以上学历。

8.1.2 社区社会工作者在开展具体工作中，应遵守以下要求：

——应遵守《社会工作者职业道德指引》；

——应掌握涉及社区有关的法律、法规、政策；

——应具备开展社区社会工作服务所需的基本知识；

——应接受社会工作专业继续教育，不断提高职业素质和专业服务能力；

——应推动多学科合作，与其他专业人士相互尊重、共享信息并有效沟通。

8.1.3 社区社会工作岗位设置应符合下列要求：

——每个社区应根据居民数量、构成情况、服务重点、服务复杂性等因素进行社会工作岗位设置和人员配备；大型社区宜依托社区综合服务设施设立社会工作站（室），或者引入提供社会工作服务的机构；

——每个城市社区至少配备一名社区社会工作者，每个农村社区宜配备一名社区社会工作者。

8.2 设施设备要求

8.2.1 社区社会工作服务场所应设置开展社会工作服务所必需的个案工作室、小组工作室、多功能活动室等场所。

8.2.2 社区社会工作服务场所宜配备计算机、录音、录像、音响等硬件设备，保障社会工作者提供服务的需要。

8.2.3 社区社会工作服务场所布置应安全、舒适、温馨，并能满足特殊服务对象的需要。

8.3 信息化建设与档案管理要求

8.3.1 在需求评估、服务推介、服务实施、资源链接、成效反馈、宣传推广等环节应用信息化手段，扩大社区社会工作服务覆盖范围，减少社区社会工作服务成本，提升社区社会工作服务效率。

8.3.2 依托社区公共服务综合信息平台等，建立社区社会工作服务信息系统，对社区居民、社区组织、社区志愿者等服务数据进行采集、管理、分析、运用，建立社区社会工作服务数据库。

8.3.3 依托社区公共服务综合信息平台等，实现社会工作服务站点或机构内部的人力资源、财务、服务、督导、评估等管理流程和程序的信息化。

8.3.4 应根据《城市社区档案管理办法》的相关要求，对服务对象信息、服务过程记录、服务质量监控记录、服务转介和跟踪记录等服务档案进行管理，对档案进行信息化转化、保存和应用。